★ 贵州省思南中学校本课程

黔东北红色文化

严忠 主编

贵州省思南中学 组织编写

华南理工大学出版社
SOUTH CHINA UNIVERSITY OF TECHNOLOGY PRESS
·广州·

图书在版编目（CIP）数据

黔东北红色文化 / 严忠主编；贵州省思南中学组织编写. -- 广州：华南理工大学出版社，2024.9. -- ISBN 978-7-5623-7818-1

Ⅰ. G631.2

中国国家版本馆CIP数据核字第2024F4P814号

Qiandongbei Hongse Wenhua
黔东北红色文化

严　忠　主编

贵州省思南中学　组织编写

出 版 人：柯　宁
出版发行：华南理工大学出版社
　　　　　（广州五山华南理工大学17号楼，邮编510640）
　　　　　http://hg.cb.scut.edu.cn　E-mail：scutc13@scut.edu.cn
　　　　　营销部电话：020-87113487　87111048（传真）
策划编辑：庄　严
责任编辑：肖　颖　何绮雯　梁玉琪
责任校对：周　秦　盛美珍
印 刷 者：广州一龙印刷有限公司
开　　本：889 mm×1194 mm　1/32　印张：8.125　字数：217千
版　　次：2024年9月第1版　印次：2024年9月第1次印刷
定　　价：45.00元

版权所有　盗版必究　印装差错　负责调换

编委会

主　　编：严　忠
副 主 编：沈长江　　赵胜选
编　　委：袁景涛　　罗孝良　　兰显芳　　杨文静
　　　　　刘继承　　田永红　　张廷进　　安正位
　　　　　刘　露　　汪元思　　杨通文　　姚舒瑜
　　　　　张玉华　　黄　琴　　张金鑫　　徐诗瑶
　　　　　许恬逸　　李　谭

前言

黔东北地区是一片富有红色革命文化的土地。在这里，革命先烈用他们的鲜血和生命谱写了一曲曲荡气回肠的英雄赞歌；在这里，红军战士和当地百姓勠力同心阻击敌人，众志成城谋求民族独立、人民解放。缅怀英烈祭忠魂，抚今追昔思奋进。党的十八大以来，习近平总书记号召全国各族人民要积极踏寻英雄的足迹、缅怀英烈的贡献。铭记历史、缅怀英烈，一直是习近平总书记情之所牵、行之所至，亦是所有中华儿女不忘初心、牢记使命的精神所在。本书将披荆斩棘的革命岁月呈现给同学们，让大家了解黔东北地区的红色革命历史。

总体说来，本书从以下几个方面介绍黔东北的红色革命历史。第一，黔东北革命的历史沿革，介绍黔东革命根据地的建立历程以及革命概况；第二，黔东北革命遗址。从遗址现存地理位置和关联的革命人物故事两个方面对黔东北32个具有代表性的革命遗址进行介绍；第三，黔东北革命故事和人物，分别以思南、德江、印江、石阡、沿河五县为板块进行分节介绍。讲述英雄故事，重温历史经典，感悟会议精神，走进人物往事，回望那一段刻骨铭心的岁月。

吃水不忘挖井人，我们安定幸福的生活是先辈们用鲜血打拼来的。学习历史，首先应该了解身边的历史。本土的革命历史文化对我们的文化理念及各方面学习都会产生巨大的影响，还会塑造我们的精神人格。通过对本书的学习，我们可以了解到身边的革命历史文化并学习先辈的革命精神，从而更加深切地感知中国革命胜利的艰辛与不易，升华我们的爱国爱乡之情，真正提升我们的历史核心素养。

  "基于黔东北少数民族地区红色文化的校本课程开发与应用的研究"是在思南中学教育部重点课题"基于黔东北少数民族文化传承的校本课程基地建设研究"基础上的一个子课题，是2019年贵州省思南中学历史教师严忠申请获批的一个省级课题。同年12月，严忠老师参加了贵州省教育科学规划立项课题培训会。开题后，严忠老师组织部分历史教师参与到黔东北红色文化的历史研究中来，取得了一定的成果。他们到黔东北各地考察走访，深入了解各地红色历史文化，将所见所闻汇编成部分红色文化资料，以供传承，告慰英烈。

编委会

2024年6月

目录

- 导言 ··· 001

- 第一章　黔东北革命的历史沿革 ·· 004
  - 第一节　黔东苏区的斗争 ·· 004
    - 一、黔东革命根据地的建立 ···································· 004
    - 二、黔东特区保卫战 ·· 011
    - 三、黔东苏区的统战工作 ······································ 015
    - 四、黔东军民的英勇斗争 ······································ 017
  - 第二节　红六军团西征 ·· 021
    - 一、撤离湘赣，奉命西征 ······································ 021
    - 二、转战湘西，进入黔东 ······································ 024
  - 第三节　红二、红六军团木黄会师 ·································· 028
    - 一、水田坝会合 ·· 028
    - 二、贺龙率部南下接应 ·· 032
    - 三、八千子弟聚黔东 ·· 035
  - 第四节　英雄黔东　红色血脉 ······································ 043
    - 一、苏区群众的"负担" ·· 043
    - 二、红军到，千人笑（回忆录） ································ 046
    - 三、铁的纪律　铁的红军 ······································ 047
    - 四、黔东独立师浴血梵净山 ···································· 049
    - 五、铜仁·红色记忆 ·· 051
  - 第五节　抗战中的思南人民 ·· 053
    - 一、积极宣传　捐钱献物 ······································ 054
    - 二、浴血疆场　挥戈杀敌 ······································ 055

- 第二章　黔东北革命遗址 ·· 060
  - 一、石阡古温泉红军洗浴旧址 ······································ 061

二、北塔寺红四师师部旧址 …… 061
三、晏明红军烈士纪念塔 …… 062
四、五德镇铺沟革命烈士纪念墓 …… 063
五、红六军团政治部旧址 …… 064
六、本庄红军烈士纪念碑 …… 065
七、困牛山战斗遗址 …… 065
八、红六军团包溪战斗战场遗址 …… 066
九、东华溪会议遗址 …… 067
十、枫香溪会议会址 …… 069
十一、黔东独立师师部旧址 …… 071
十二、官塘区革命委员会旧址 …… 071
十三、太阳山革命烈士纪念碑 …… 072
十四、红九军地茶战斗遗址 …… 073
十五、木黄会师柏 …… 074
十六、红三军军部旧址 …… 074
十七、红二、红六军团木黄会师纪念馆 …… 075
十八、长丰黄家堡剿匪战斗遗址 …… 076
十九、蛇盘溪英雄桥遗址 …… 077
二十、煎茶烈士陵园 …… 078
二十一、沿河县城红军渡 …… 079
二十二、红军渡广场 …… 080
二十三、沿河县城红三军战斗遗址 …… 081
二十四、红三军司令部旧址 …… 082
二十五、红七师师部旧址 …… 083
二十六、黔东特区革命委员会旧址 …… 084
二十七、黔东特区第一次工农兵苏维埃
　　　　代表大会会址旧址 …… 085
二十八、苏联空军飞行员金角洛夫墓 …… 086

二十九、中共黔北工委旧址…………088
三十、旷继勋烈士故居……………089
三十一、中共思南地下县委旧址……090
三十二、石阡甘溪遭遇战烈士纪念碑……091

第三章 黔东北革命故事和人物……093
第一节 思南……094
一、双枪军长旷继勋……………094
二、红色思南中学………………097
三、革命烈士肖次瞻……………100
四、革命烈士朱亚………………104
五、关于塘头机场的那些事……107
六、红军杨德胜…………………111
七、思南地下党…………………114

第二节 德江……126
一、枫香溪会议…………………126
二、陶立功………………………138
三、先仲虞………………………142
四、德江洞佛寺剿匪记——桑金秋回忆
　　活捉匪首曾广爱……………143

第三节 印江……147
一、红军在印江…………………147
二、木黄会师……………………163
三、印江人民的顽强斗争………174
四、冉少波………………………179
五、严希纯………………………189
六、严竞成………………………191
七、钟团长………………………193

第四节　石阡 …… 196
一、"石阡会议"：实事求是勇创奇迹 …… 196
二、困牛山战斗 …… 198
三、甘溪之战 …… 203
四、陈世荣 …… 215

第五节　沿河 …… 217
一、苏维埃政府主席孙秀亮 …… 217
二、一名特别交通员 …… 219
三、孔朝廷 …… 221
四、谯家铺阻击战 …… 223
五、红三军三取沿河城 …… 226

◉ 附录　部分考察调研纪实 …… 230
一、走进沿河谯家　探寻黔东特区革命根据地——思南中学"黔东北红色文化研究"课题小组谯家调研 …… 230
二、走进德江枫香溪　探寻红军革命路——思南中学"黔东北红色文化研究"课题小组枫香溪调研 …… 235
三、思南中学"黔东北红色文化研究"课题小组印江木黄调研 …… 238
四、红色与彩色——思南中学"黔东北红色文化研究"课题小组石阡调研 …… 239
五、走进德江高山乡　缅怀英烈——思南中学"黔东北红色文化研究"课题小组德江洞佛寺调研 …… 245

◉ 后记 …… 248

导言

广义上的黔东北地区即整个铜仁市及遵义市的部分地区，地跨东经107°46′～109°25′，北纬27°07′～29°05′，全区南北长219公里，东西宽171公里，行政面积1.8万平方公里，东与湖南省的湘西土家族苗族自治州及怀化市毗邻，南与贵州省的黔东南苗族侗族自治州接壤，西与贵州省遵义市交界，北与重庆市相连。全区总人口约374.77万人，其中少数民族有土家族、苗族、侗族、仡佬族、回族、布依族等，其人口数占全区人口总数的68.4%。

本书所介绍的黔东北地区侧重点放在铜仁市的思南县、德江县、石阡县、印江土家族苗族自治县和沿河土家族自治县。此五县地处湘鄂川黔交界之地，乌江横贯其中流入四川省涪陵地区（现属重庆），武陵山脉向东绵延至湘西。

隋唐以前，黔东北地区多属巴、楚，宋为羁縻之地，元、明、清时期实行土司制度。明永乐十一年（1413年）贵州建省后，黔东北地区境内设思南、铜仁、石阡、乌罗四府。1912—1914年各府、厅、州一律改设县，一直到1943年，今黔东北地区行政区划才基本固定。

春秋战国时期，黔东北地区分属几个地方诸侯国，出现了夜郎、巴国、鳖国、习国等地方政权。秦始皇统一中国后，黔东北地区被分隶于黔中郡、象郡、巴郡，其中，思南、印江、沿河一部分属黔中郡；石阡一部分属象郡范围；思南、德江一部分属巴郡。

唐朝为了加强中央对地方的控制，把全国划分为十道，作为监察机构，黔东北地区划入黔中道。元代始设行省制度，同时对少数民族实行土司制度，黔东北地区属思州安抚司（元末改为宣慰司）管辖。

明永乐年间，开始推行流官统治，铜仁境内置思南、铜仁、石阡、乌罗四府。黔东北地区大部分属于思州道军民安抚司，具体包括今思南、德江、印江、沿河等地；而石阡府主要管辖今天的石阡等地。清代，今黔东北行政区划基本稳定，仍主要属思南府、石阡府管辖，仅各府属略有变化。民国时期，府、厅、州一律设县。中华人民共和国成立之际，黔东北地区各县相继解放。

黔东北革命历史悠久。从红三军进入黔东至中华人民共和国成立，黔东北党组织紧紧依靠广大人民群众的支持，历经风雨，不屈不挠，在白色恐怖和守旧势力的威胁下，坚持长期斗争，并在斗争中发展壮大，成为西南地区革命斗争的重要组成部分。在漫长的革命斗争岁月里，黔东北党组织和广大人民群众为解放事业作出了重大的牺牲。

贵州省思南中学老校区大礼堂前的墙壁上镶嵌着一块石碑，上面刻着《安化县学田碑记》。该石碑是1993年在思南中学旧礼堂地下挖掘出来的。透过碑文，我们可以看出黔东北地区在历史沿革中的变迁。碑文内容由吴德敏整理，节选如下：

"废坠者，兴举之。强梁者，锄抑之。此当道之职任，然使无人首其事。溯其源，则当道者纵极廉明，乌能一一搜求，以归划一。郡伯王宪台，始仕西粤，继迁南黔，所在政声，难以罄述。大抵兴利除害，禁暴安良，廉政居多，以故上游推重，人颂神明。安化县学，有田土一庄，属本府新图八甲，地名小德浩，历来取租作礼，生膏火。招佃黄姓，将及百年，忽遭地棍李宏智、邵宗久诸人，假名寺属，侵耕学地已四年，于兹竟听其狂逞。余于丁未夏，秉铎安邑，诸生张子铭、肖芷台、汪德玉、邵金为本当齐长。此四人，文行才干，俱为众所推服，偶以此事相商。此四人者，不惮奔走，不辞劳瘁，慨然以为己任，余与同事者，原其由申详。"

图0-1 《安化县学田碑记》石碑

第一章

黔东北革命的历史沿革

第一节 黔东苏区的斗争

> 黔东革命根据地,是土地革命战争时期,在贺龙、夏曦、关向应的率领下,中共湘鄂西中央分局领导的红三军与黔东人民共同建设的云贵高原上第一块红色革命根据地。从1934年5月上旬红三军撤离重庆彭水、西渡乌江向贵州转移开始,到1934年12月黔东特委,红二、红六军团黔东独立师坚持黔东根据地斗争失败终止,历时8个月之久。黔东革命根据地包括贵州的沿河、印江、德江、松桃及四川的酉阳、秀山等县毗邻地域,纵横100多公里,人口10多万。

一、黔东革命根据地的建立

1. 黔东特区:云贵高原第一个红色政权

"斧劈辟出新天地,镰刀割断旧乾坤。"黔东特区革命委员会建立后,便着手组建区、乡的苏维埃政权。据统计,黔东特区革命委员会共建立了区革命委员会17个,乡革命委员会72个,涵盖沿河县境(部分现属德江)近30个乡、印江县境20多个乡、德江县境10多个乡、酉阳县境4个乡。这些区、乡苏维埃政权,是黔东各族人民自己的民主政府,是人民当家作主的象征,是无产

图1-1 黔东特区革命委员会旧址

阶级胜利的结果。

2.黔东革命根据地的建立历程

1934年5月,贺龙、夏曦、关向应率领红三军进入黔东地区,6月占领沿河县城。随后,红军在川黔边发动群众,广泛宣传共产党的政治主张。黔东民间武装组织"神兵"投奔红三军,其首领冉少波受到贺龙等人的亲切接见。红三军发布《告神坛书》,召开群众大会,号召"神兵"参加红军,得到积极响应。1934年6月19日,中共湘鄂西中央分局在沿河(现属德江)枫香溪召开会议,根据黔东地区群众的斗争情况,决定在印江、德江、沿河、松桃一带开展苏维埃运动,建立黔东特区革命根据地。

枫香溪会议后,红三军从干部中抽调100多人进行短期培训,组成七、九两师宣传队,奔赴各地发动群众,建立苏维埃政权,开展土地革命、武装斗争;同时抽调部分干部、战士,组成若干小分队,分赴黔东各县,作为建立地方武装的基础。为了发动群众,安定民心,中华苏维埃共和国湘鄂川黔革命军事委员会先后发布了《没收地主豪绅的粮食财产之条例》《农民协会的纲领及章程草案》等文告,号召和组织黔东人民开展轰轰烈烈的革命斗争。在中共湘鄂西中央分局的具体指导下,经过一个多月的组织发动,各地苏维埃政权先后建立,到7月底,建立了14个区革命委员会和30多个乡苏维埃政府。与此同时,各区革命委员会成立了区保卫队,乡苏维埃政府建立以后,领导群众开展了打土豪、分田地的土地革命斗争,黔东革命根据地初步形成。

1934年7月21—22日,中华苏维埃共和国湘鄂川黔边特区革命军事委员会在沿河县铅厂坝张家祠堂召开了黔东特区第一次工农兵苏维埃代表大会。大会由中共湘鄂西中央分局书记、湘鄂川黔边特区革命军事委员会主席夏曦主持。除红三军的领导外,出席大会的还有沿河、德江、印江3县选出的地方代表和32名红军代表(酉阳、秀山的代表未能参会)。大会选举产生了新的苏维埃革命政权——黔东特区革命委员会(亦称"联县政府",群众还称"省政府")。黔东特区革命委员会由80名委员组成,有常务委员32名。大会推选孙秀亮为黔东特区革命委员会主席,秦育青、陈正国为副主席。经过全体代表讨论通过,大会作出了《没收和分配土地条例》《农村工人保护条例》《工农武装问题决议》《优待红军及其家属条例》《肃反问题决议》《关于苗族问题决议》等6个决议。

▲ 图1-2 张家祠堂

第一章 黔东北革命的历史沿革

图1-3 黔东特区第一次工农兵苏维埃代表大会会议决议封面

黔东特区成立后，开展了以土地革命、巩固政权、发展武装、粉碎敌人的进攻为中心的各项工作。在苏区范围的各县中，绝大部分乡镇建立了苏维埃政权，成立了农民协会、贫农团、共青团、妇代会，实行了土地革命，使广大农民分到土地，在政治上、经济上都得到解放。与此同时，红三军组建了由"神兵"为主体改编的黔东纵队，共1500余人，又组建了沿河、黔东、印江、德江、川黔边5个独立团，共2000余人，此外，各地组织了30多支大小不一的区、乡游击队，工农武装发展到4000余人。

黔东特区革命政权的建立和工农武装运动的开展，震惊了贵州军阀。王家烈调兵遣将，先派遣廖怀忠，后任命蒋丕绪为第三路总指挥，李成章为第四路总指挥，利用恶霸团总，并联合川军屡屡进犯革命根据地。黔东特区军民为保卫革命政权，与敌人进行了无数次英勇战斗，取得了重大胜利。1934年8月，红三军在松桃麻阳玛瑙山战斗中，消灭了当地的地主武装；在淇滩歼灭了黔军傅衡中旅的一个营，缴获枪支百余支；在印江木黄消灭黔军黎刚所部。黔东特区还颁发了《关于夺取革命战争胜利的决议》，向根据地人民发出了支援前线，粉碎敌人"围剿"的战争动员令。为了增强反"围剿"的力量，湘鄂川黔边特区革命军事委员会将黔东纵队和各独立团的大部分力量合编为红三军黔东独立师，贺炳炎任师长，熊仲卿任政委，冉少波任副师长。黔军李成章率所部五团兵力，大举进犯黔东特区。红三军采取"避实就虚"的战术，在枫香溪、谯家铺等地打击敌军。9月28日，红三军主力红七师进到木黄，数倍之敌跟踪而来。贺龙当机立断，指挥小股部队佯装主力，将敌军牵制在重兵防守的老寨方向。我大部抢渡木黄，猛攻敌人布防薄弱的地茶方向的岩口坪，全歼守敌，抢占了制高点，打击了李成章来援之敌，取得了木黄战役的胜利。10月中旬，红三军为消灭黔军杨畅时部，奔袭沿河县城，在浮萍塘、黑水打击和歼灭杨部后，再占沿河县城。

红三军与地方武装紧密配合，成功粉碎了川湘黔三省军阀的联合进攻，保卫了苏区，红三军自身也得到了休整和扩大。到1934年9月，苏区范围扩大了近一倍，已拥有印江、德江、沿河、松桃、石阡、江口及四川酉阳、秀山县区域，纵横100多公里，人口10多万，建立了17个区革命委员会，100多个乡苏维埃政权。

1934年9月，红三军党组织在沿河县土地湾秘密召开了第一次党代会，出席会议的党代表30余人，代表黔东的100多名党员。会议学习了共产国际十二次会议决议，建立起共产党的秘密支部。会后印发了《共产党组织在秘密环境下的活动方式》材料。

1934年10月24日，从湘赣边区突围西征的中国工农红军第六军团（简称"红六军团"）与红三军在印江木黄胜利会师。会师后，红三军恢复了中国工农红军第二军团（简称"红二军团"）

番号，并决定主力撤离黔东，挺进湘西，创建新的根据地。为了加强对黔东革命根据地的领导，组织决定成立黔东特委，调红六军团政治部主任段苏权担任书记；同时，重新组建黔东独立师，由红六军团五十三团团长王光泽任师长，段苏权兼任政委，在黔东特委领导下坚持斗争。10月28日，红二、红六军团从南腰界出发挺进湘西。黔东独立师也离开南腰界，回到特区中心区域铅厂坝一带活动，牵制敌人，掩护主力红军转移。鉴于敌我力量过于悬殊，为保存实力，黔东特委决定，独立师撤到梵净山，利用天险，隐蔽待机，以图发展。11月中旬，特区革命委员会副主席秦育青率领特区保卫队、伤病员和机关工作人员共200余人，从沿河出发，向梵净山转移，途中屡遭敌清乡队袭击，仅少数人脱险。11月23日，敌李成章部在地方民团配合下，分三路围攻独立师。红军战士英勇反击，多次击退敌人的进攻，但由于敌我

▲ 图1-4 黔东革命根据地形势图（1934年）（来源：《红二方面军战史》）

力量悬殊，为保存实力，独立师于24日撤出阵地，越过梵净山，向松桃方向突围。沿途遭到黔军和反动民团多次袭击，部队损失严重，政委段苏权负重伤，余部不足300人。28日，独立师余部进入酉阳县境的太平坝，又遭敌民团阻击，经过浴血奋战，终因弹尽粮绝，被迫化整为零，分散突围。师长王光泽不幸被俘牺牲，只有10余名指战员英勇奋战，冲出重围到达湘西找到红军主力。

夏曦在代表大会上强调要进行三件大事："（一）实行土地革命，要把地主豪绅的土地拿来彻底由贫农、中农平均分配；（二）组织雇农工会、贫农团和苏维埃代表会议，坚决同地主富农作斗争，并要同一切破坏苏维埃革命之反革命分子作斗争；（三）工农群众武装起来，组织三万人的自卫队，一万人的游击队，三千人参加红军，这样我们就有了革命力量，大胆地朝着苏维埃革命的道路前进，紧紧地团结在共产党的周围，争取黔东苏维埃的首先胜利。"

请思考：黔东特区革命委员会成立后面临的主要任务有哪些？

下课了，晒一晒你学的知识吧！

1. 谈谈黔东特区革命根据地建立的过程。
2. 理解黔东特区革命根据地的建立在中国革命历程中所处的时间点和阶段特点。

二、黔东特区保卫战

红二、红六军团主力东进后,留下新组建的黔东独立师策应和保卫特区。特区兵力突然减弱,黔军杨畅时、姜兴尧等部,趁机从西南面向特区发起进攻,败逃在外的地方民团,也乘机卷土重来。他们纠合在一起,直扑特区中心地带,相继侵占枫香溪、谯家铺等地的一些村寨,妄图对特区政府所在地瓦厂坝形成包围。是时,留在特区的黔东特区革命委员会副主席秦育青领导特区保卫队、游击队和区、乡自卫队,在瓦厂坝、白石溪、铅厂、谯家铺一带,运用游击战术与敌周旋,但处境十分困难,特区所辖区域逐渐缩小。1934年10月29日,黔东独立师在师长王光泽和黔东特委书记兼政委段苏权率领下,从南腰界出发,返回特区中心区域,在秦育青领导的保卫队、游击队及自卫队配合下,向敌人发起反击。在北面的淇滩、沙子、小河场、印山堡一带挫败川、黔敌军的进犯,在西南面的枫香溪、大坝、白石溪、谯家铺一带击退黔军杨畅时、姜兴尧等部的连续进攻,驱敌于德江袁场之外,取得初步胜利,保卫了特区中心区域。

▲ 图1-5 梵净山钟灵寺

王家烈发现黔东特区内还有红军部队在活动,便命令尾追红二、红六军团至酉阳白福寺一带的黔军李成章、王天锡两部共6个团,迅速返回黔东,参与对独立师的围攻。此时进攻特区的敌人兵力增加到13个团,并形成四面包围之势。川军达凤岗2个团和湘军周燮卿旅3个团,在北面控制南腰界至晓景一线;杨畅时部在西北面控制从沿河至土地坳各要地;姜兴尧部1个团在南面驻守德江张家湾;东面有李成章、王天锡6个团。黔、川、湘军采取轮番战术,四面推进,紧缩包围圈,欲将独立师压迫在狭小地域加以消灭。独立师和特区保卫队、游击队进行全力反击,与数倍于己的优势敌军奋战10余天,未能击退黔、川、湘军的联合围攻。此时,红军战士极度疲乏,弹药得不到补充,粮食供应日趋困难,形势已不利于在特区内战斗下去。经黔东特委研究,决定独立师、特区保卫队转移至梵净山,减轻特区压力,留下区、乡游击队,坚持斗争。师长王光泽赶赴瓦厂坝,向黔东特区革命委员会副主席秦育青传达上述决定,并商定独立师先行转移,秦育青率领特区保卫队和机关工作人员作后卫,安排好特区工作即向梵净山转移。

11月10日,黔东独立师所辖3个团集中在印江沙子坡,在师长王光泽、政委段苏权率领下,从沙子坡出发,经板溪、酸菜坝、洪溪到达天堂;11月12日,经木黄、锅厂、芙蓉坝到达平所;11月13日,进入梵净山西麓的张家坝、洞德寺一带;11月14日,抵达护国寺。护国寺背靠梵净山主峰,山高林密,又是印江、江口、松桃三县接合部,有利于与敌周旋。独立师决定以护国寺为中心,与敌人开展游击战,坚持黔东斗争。师部设在护国寺内,所辖第一团(原黔东独立团)驻守烂泥坳,第二团(原德江独立团)驻守苏家坡,第三团(原川黔边独立团)驻守大园子,师部警卫连在茶店、钟灵寺、凤凰山一线警戒。布置结束,全师转入战备状态,就地取材,用土办法在各驻地及要隘关口修筑工事,设置路障,运集礌石。同时组织征粮队,到山下较近村寨打土豪筹粮食,为坚持长期斗争做准备。

11月15日,秦育青处理好特区政府工作后,率领特区保卫队、伤病员和机关工作人员共200余人,从白石溪撤离,拟由沙子坡到梵净山。当队伍经枫香园时,遭黔军伏击,遂改道从印江茅草盖、胡家坝向栏杆营前进。行至下寨坝时,被印江北上区民团大队长安永成部跟踪追击,紧接着北下区区长陈文澜命民团大队长陈文会率部阻击。特区保卫队趁敌畏缩不前之机,奋力冲出重围,且战且走,行至栏杆营塘房坳遭当地土豪陈沛然、陈文藻带领民团拦截,与尾追的陈文澜民团对保卫队形成了前后夹击之势。战斗中,特区保卫队牺牲20多人,被俘24人,其中21人惨遭杀害。余部经松桃岩柯坝、化稿坪、椿木坪,进入秀山县境的白水、坝芒一带,沿途继续遭到张云梯等民团的截击,大部人员牺牲或失散。剩余部分人员在坝芒附近牛粪坨一处山洞被俘,除江西籍女红军张吉兰幸存外,其余全部惨遭杀害。

独立师落脚梵净山护国寺,黔军跟踪而来。11月15日,李成章在印江民团东防大队长张汉儒、缠溪民团大队长任伦的帮助下,从印江永义经张家坝直奔护国寺,在关口岭被红一团截住。柏辉章一部在江口苗王(今德旺)区区长梅史金的民团和乡丁帮助下,由金盏坪经狮子岩向护国寺进击。一部布防在梵净山东侧的马槽河、回香坪一线,封锁独立师向东转移的路线。11月16—22日,在护国寺外围的关口岭、烂泥坳、交流塘、苏家坡一带,独立师连续与多股黔军展开激战,将黔军击退。11月23日,李成章及姜兴尧部2000余人,分三路同时发起进攻,一路仍由永义经张家坝进攻烂泥坳,一路由磨龙经枫香坪、团垄进攻大园子,一路由江口苗王坡经龙门坳进攻苏家坡。进攻烂泥坳的黔军首先与独立师红一团交火。战士们奋力作战,终因弹药奇缺(每支枪只有子弹3~5发),众寡悬殊,红一团后撤到山腰地母庙。黔军趁势扑向地母庙,红一团利用有利地形,居高临下拖住了黔军的供给。此时,另外两股黔军相继突破大园子、苏家坡防线,红二、红三团退守护国寺。黔军随即转向地母庙,三路联合向红一团发起攻击,切断其与师部联系的通道,红一团被迫突围。在突围中,部分战士牺牲,大部分失散或被俘。地母庙战斗结束后,独立师坚守护国寺。由于战况的急剧变化,独立师后转移到半山钟灵寺。独立师据险扼守,击退黔军多次进攻,歼敌100余人,独立师损失亦很大,部队减员大半,剩下不足300人,弹药粮食缺乏,战士得不到休整。黔军不断增兵,缩紧包围圈,局势急剧恶化,独立师遂决定退出梵净山,从松桃方向突围,转入湘西,寻找军团主力。

11月24日,王光泽、段苏权率领部队从钟灵寺出发,翻越梵净山,由东面下回香坪、鱼坳,经马槽河、瓦溪抵达江口快场,再由凯岩转入松桃落满、寨英一带。这一带只有地方民团,没有国民党军驻防,独立师便进驻普觉,严密封锁消息。11月26日凌晨,部队出其不意地向孟溪区公所民团发起突袭,缴获步枪14支、子弹200余发和一面国民党党旗。部队利用国民党党旗,佯装国民党军队,顺利到达大路村。驻防在大路村的民团30余人以为是"省军"到来,毫无提防,被战士们俘获,解除武装。部队继续前进,进入秀山县境的兰桥,直插秀山与松桃交界处的重镇邑梅(梅江)。驻守邑梅的保警中队杨志鹏部与镇公所乡丁40余人企图拦击,王光泽指挥部队迅速占领附近飞山庙制高点,发起攻击,保警中队一触即溃,向秀山方向逃去。段苏权带领通讯班率先冲入邑梅镇,被躲藏在镇公所隔壁面馆的镇长卫士杨光和开枪击穿右踝骨,骨头碎裂,不能行走,通讯班班长李通珍将段苏权背下战场。王光泽率领部队折向东南方向继续前进,又进入松桃县境的净岘,经瓦厂、五里牌、九龙,拟从迓驾进入湘西。部队行至张家坝时,以龙海清为首的当地民团尾追而来,与杨永成领导的民团会合,向后卫部队发起攻击,5名战士牺牲。当部队前进到迓驾附近的石号坡时,又遭麻秀臣的民团阻击。部队前后受敌,被迫进行还击。双方在石号坡激战几小时,又有20余名战士牺牲,第三团团长马吉山率领一个排,拼死苦战,子弹打光拼刺刀,死死拖住敌人,掩护部队撤出战斗,马吉山及全排战士英勇牺牲。

王光泽带领主力突出重围后,将负伤的段苏权留在车田村,由木工李木富藏在一个半月形的山洞中,用草药治伤。20余天后,段苏权拖着尚未痊愈的伤脚,离开车田村,顺着醴水,沿途乞讨,回到湖南茶陵老家,伤好后于1937年奔赴延安。

王光泽安置好段苏权后,率部继续前进,当晚又进入秀山县境,经雅江抵化溪。11月27日,经龙井坳、红岩,沿星子岩到达川湘边境的川河界。11月28日拂晓,部队冒着大雾急速前进,行至大扳场时,突遭当地民团阻击。队伍被民团冲散,仅部分人员沿周家沱、一碗水、干坝子退至龙家寨。王光泽将队伍化整为零,分散行动,各自朝湘西方向转移。进入湘西时,整个黔东独立师仅有黔东独立团团长秦真权等数十人在保靖、永顺一带找到红二、红六军团。

11月29日,王光泽在转移途中行至秀山上川时,不幸被民团俘虏,由涌洞民团押送至酉阳龙潭川军田冠五旅部。12月21日,四川军阀刘湘按照蒋介石"就地枪决"的电令,令田冠五将王光泽杀害在酉阳龙潭邬家坡。

三、黔东苏区的统战工作

黔东苏区创造性地开展了一系列统战工作,发挥了极其重要的作用。一些开明人士和进步富商在贺龙和红三军统战工作的影响下,主动向红军提供帮助。例如,沿河县商会在红军进入沿河县城第二天,一次性捐助红军军饷200块银元。正如贺龙回忆所说:"那时,不晓得统一战线这个词,我们叫'拉关系,挖墙脚'。当时部队不大,打土豪不是普遍地打,只打罪大恶极的,打老百姓痛恨的。打了土豪,晚上悄悄地把粮食送到贫、雇农家里。对小地主、富农,没惊动他们,打击面窄。封建势力被我们分化了一部分……敌人内部有矛盾就分化它,同我们有关系的就拉过来。对团防,我们写信,说你不打我,我不打你;你打我,就消灭你!不少团防给我们送枪,送子弹,将我们掉队的人员送回来……我们就是采取打、拉、分去对付敌人,开展工作。"

以下两件事情可以佐证统战工作的重要性。1934年5月8日,红三军攻占彭水县城后,争取了一名叫史密斯的美国传教士,他会画画、照相,也会西医外科。由于红三军缺医少药,贺龙找他商量为红军购买一批药品,史密斯欣然同意。红军离开彭水时,要求史密斯随军前进。为了打消他对红军的恐惧,贺龙常与他下棋、谈心。红军进入沿河后,史密斯一直在根据地活动,给当地百姓看病,在空余时间,还教战士们唱歌、画画。红军在黔东发行的大量宣传画,有些便是出自他。他还给红军绘制党旗。1934年7月初,史密斯随红三军来到沿河淇滩,因为想家,趁红军未注意,于7月4日坐上一条小船走了。贺龙并没有追赶,还叫人将他的太太送到武汉。临别前,贺龙、关向应等主要领导人举行了欢送会,第二天,派了一个班的人员护送史密斯太太到沿河码头,史密斯太太后乘木船至彭水。以后,再没有史密斯的音讯。这段时间,史密斯与红三军建立了深厚的友情,给红三军干部、战士留下了深刻的印象。1980年,史密斯的儿子雷·史密斯到北京拜访贺龙夫人薛明时,再一次谈到了他父亲与红三军的往事。雷·史密斯告诉薛明:"父亲每当谈起这段往事,总是十分钦佩红军严明的纪律和贺将军博大的胸怀,总想有机会到中国来拜谢贺将军。这次遵照父亲的嘱托,见到了您,真是太高兴了。"

再就是"龚大爷（即龚渭清）荡产助贺龙""傅怀忠舍命护给养"的事迹。1934年5月31日，红三军进驻沿河县城西岸后，乌江渡口处所有船只，被国民党守军彭镇璞团退守时全部控制在东岸。傅怀忠邀约船工20余人，将船划至西岸迎接红军渡江，深受贺龙赏识。根据地建立后，遭到敌人的军事"围剿"和经济封锁，红军部队和特区人民严重缺盐少药，尤其是伤病员急需的医治药物奇缺。为了解决这个问题，贺龙两次派傅怀忠持其亲笔信，赴彭水找挚友龚渭清设法帮助采购。第一次购得食盐2000公斤，安全运回特区；第二次购中西药物28担，雇31人挑运，龚渭清与傅怀忠亲自押运返程，行至沙子水淹沱，被当地区长袁仲英、保警队长田明道拦截，傅怀忠被捕入狱，龚渭清当场就义。同年10月，贺龙命九师师长钟炳然和政委廖汉生率军攻破县城，救出傅怀忠。

四、黔东军民的英勇斗争

1934年，阶级敌人制造白色恐怖，黔东上空乌云翻滚，苏区大地腥风血雨。黔军第二师师长柏辉章命其爪牙杨畅时等人返回黔东苏区，对苏区人民进行疯狂报复。在这场惨绝人寰的阶级大报复中，大批红军伤病员、苏区干部和革命群众惨死于敌人的屠刀之下。

由秦育青率领的特区保卫队、机关工作人员和伤病员，转移至印江来安营，与敌作战失利，24名战士被俘，陈正国、印江独立团团长宁国学等一百余人被捕后被押送至贵阳。黔东独立师在川河盖战斗中失利，多人被关押在秀山监狱，敌人采取各种残酷手段分批杀害红军战士。黔东特区革命委员会委员刘本玉从监狱逃出，历经艰辛，回到家乡湖北荆门。江西籍女红军张吉兰被敌人张云梯索钱逼嫁到甘龙老树木，成为唯一的幸存者。

沿河县铅厂坝区苏维埃副主席谢龙光和8位游击队员，被捕后在铅厂偃塘被敌人杀害。红军走后,淇滩区游击队员蔡海知在与"清乡队"的斗争中,因腿部受伤,不幸被俘,后被敌人杀害,内脏被残忍地挂在树上。甘溪乡苏维埃主席被"还乡团"砍下头悬挂在树上,夜间,乡亲们才冒险收尸填埋。印江县红木树自卫队队员何代杨,不幸落入"清乡队"的魔掌后,被撬开头盖骨,灌桐油,插上灯草点火,谓之"点天灯",其痛苦之状,惨不忍睹。在喻家岩区苏维埃政府,"清乡队"杀害正在站岗的游击队员王国维;红军战士周明义被"清乡队"抓住后,匪徒用草绳把他全身捆绑,推下了几十米深的猴子洞。枫香溪红军代表陈芝南、袁凤林没跟上部队,隐藏在丝茅坝二郎岩小井坑内,也被"清乡队"杀害。

敌人不仅残忍杀害红军战士和苏区干部,连其家属和无辜百姓也不放过,有的被满门杀绝,有的即使幸免于难,也被害得妻离子散。沿河县毛田坪原有200户人家,当地房屋被白匪所毁竟达一百余户。许多苏维埃干部和党的基层领导被残酷迫害,其惨状触目惊心。苏区的大部分地方,如六井溪、白石溪、铅厂坝、水田坝、甘溪、沙子坡等地,被诬为"红匪区域",不少游击队员和群众被称为"红匪"和"神匪",惨遭迫害。六井溪有60多户房屋被烧,财物、牲畜被抢劫一空,有几户全家被大火活活烧死在屋内。国民党沿河县长杨际唐纠集反动势力成立地方保卫团指挥部,自己兼任县指挥,组织450多人枪的常备队和特务队,进入苏区,逼迫群众花重金办理"良民证"。松桃县永安土地堂苏维埃代表田应中一家三口,被敌区长田素贞杀绝。印江坨寨游击队副队长赵佐怀,被"清乡队"杀害后,其妻子背着3岁的儿子,逃进深山老林,赵佐怀母亲悲愤郁结,双目失明,无依无靠。敌人杀害坪底侯家沟游击队员侯世龙父子后,还烧了他们家,抢走其耕牛和财物。为免遭屠杀,不少革命群众背井离乡,仅印江红木村就有12户农户被迫逃亡,有的地方群众全被撵走,整个村寨变成一片废墟。据不完全统计，红军主力撤离后，游击队员、苏区干部遭受国民党摧残的人员有600多人。

红军战士和苏区干部对革命忠贞不渝。一位红军伤病员在临刑前，高喊："打铁不怕火烫脚，革命不怕砍脑壳；只要干人（意为"穷人"，贵州方言）得解放，为了革命死亦乐。"表现了红军战士为中国人民的解放事业，视死如归的高贵品质。沿河县水田（蛟岩）乡苏维埃政府代表孔朝廷，被"清乡队"队长黄仁佑抓去，敌人对他捆绑吊打，施行"上滚筒"等酷刑，逼他供出红军情况和交出武器，他"死都不从"，后因伤势过重含恨而死。

苏区人民拥护红军，红军热爱苏区人民。建设革命根据地，军民如一家，情同手足，同仇敌忾；危难之时，同生死，共患难。印江木黄地茶农民文万顺、文官平父子收留了一位在木黄战斗中负伤的红军战士，将他背到磨槽湾的岩洞里藏匿。为了红军伤员的安全，父子俩又先后将其转到烟囱顶和破岩洞，坚持每天给他送饭治伤；待伤势好转就把伤员接回家精心照料。经过革命斗争洗礼的黔东苏区人民，当敌人像野兽般扑来时，他们拿起棍棒、大刀和长矛同敌人拼杀。关子门6位游击队员，在队长符功荣的带领下，坚持斗争，退守在毛鸡塘的山洞里。敌人的冲杀和诱降都无济于事。残暴的敌人使用火攻，全体队员宁死不屈，直至壮烈牺牲。大土坪苏维埃副主席杨光顺，当地主郎金波纠集数十人枪来犯，他以一支鸟枪和一门土炮在屋里据守，从楼上打到楼下，机智勇敢地对付敌人，打伤敌兵2人后突围，投奔主力红军。

黔东苏区虽然成立时间不长，但它是中国新民主主义革命斗争中的重要组成部分，它的历史地位和作用已载入中国革命的光辉史册。革命先烈在前仆后继、不怕牺牲的历程中，形成的不怕牺牲、敢于胜利、自力更生、艰苦创业、团结奋斗、图强争先、依靠群众、为民谋利等老区精神永放光芒。廖汉生为《黔东英烈传》题词时写道:"先烈们的革命精神永照人间!"

 下课了,晒一晒你学的知识吧!

1. 黔东苏区人民是如何以不屈不挠的革命精神继续开展斗争的?

2. 课外阅读《红军在印江》(中共党史出版社,2013年)。

第二节　红六军团西征

1934年8月7日，红六军团全部9758人，由江西遂川县横石出发开始转移。8月12日，红六军团在湖南桂东县的寨前圩正式宣布成立，并组成了红六军团军政委员会，为红六军团西征的最高领导机关，任弼时任委员会主席，萧克、王震任委员；红六军团军团长为萧克，政委为王震。西征部队包括红六军团之十七、十八两师全部及红校学生。红六军团西征，是在中央苏区第五次反“围剿”中，由于此时毛泽东已离开红军领导岗位，受王明“左”倾路线的错误领导，红军虽顽强抵抗，但节节失利，陷入困境，中央根据地不断缩小的严重形势下进行的。

一、撤离湘赣，奉令西征

中国工农红军第六军团的前身，是中共湘东南特委于1930年成立的湘东独立师。该部于1932年整编为红军第八军，1933年整编为红军第十七师，1934年7月又与红十六师、红十八师合并组成红六军团。

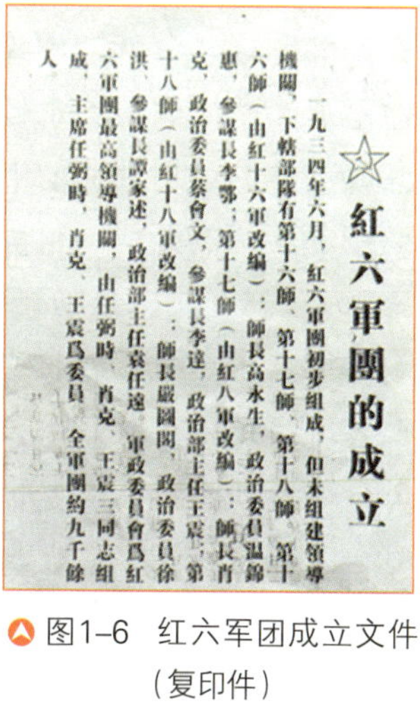
紅六軍團的成立

一九三四年六月，紅六軍團初步组成，但未组建領導機關，下轄部隊有第十六師、第十七師、第十八師。第十六師（由紅十六軍改编）：師長高永生，政治委員温錦惠，参謀長李鄂；第十七師（由紅八軍改编）：師長肖克，政治委員蔡會文，参謀長李達，政治部主任王震；第十八師（由紅十八軍改编）：師長嚴圓閣，政治委員徐洪，参謀長譚家述，政治部主任袁任遠。軍政委員會爲紅六軍團最高領導機關，由任弼時、肖克、王震三同志组成，主席任弼時，肖克、王震爲委員。全軍團約九千餘人。

图1-6　红六军团成立文件（复印件）

黔东革命根据地创建和发展之时，中央根据地由于受王明“左”倾路线的错误领导，排斥了毛泽东的正确领导，执行了错误的军事路线。在第五次反“围剿”斗争中，又把军事大权交给了共产国际的军事顾问李德。在中央红军于内线粉碎敌人"围剿"已无可能的严峻形势下,中央"三人团"中的博古和李德,一方面仍以"用一切力量捍卫苏区"的口号,命令红军"六路分兵""全线抵御",继续同敌人拼消耗;一方面开始筹划退出苏区的部署。

为了吸引和调动部分敌人,减轻中央革命根据地的军事压力,宣传和推动全国的抗日斗争,1934年7月,中共中央派出中国工农红军抗日先遣队,向闽、浙、赣、皖等省出动。同年8月,又命令红六军团自湘赣革命根据地西征。

1934年7月23日,中共中央、中革军委(中央革命军事委员会,简称"中革军委")电令红六军团退出湘赣苏区,转移到湘中创建新的根据地。电令中说:"六军团离开现在的湘赣苏区,转移到湖南中部去发展扩大游击战争及创建新的苏区。"并说,作出这个决定的主要考虑是:"红六军团继续留在现在苏区,将有被敌人层层封锁和紧缩包围之危险,而且粮食及物资供给将成为尖锐的困难,红军及苏区之扩大受到很大的限制,这就使保全红军有生力量及捍卫苏区的基本任务都发生困难。"红六军团离开湘赣苏区转移到湘中地区作战,"给湘敌以致命的打击,迫使他不得不进行战场及战略上的重新部署,这将破坏湘敌逐渐缩紧湘赣苏区的计划及辅助中央苏区之作战"。电令对红六军团向湖南中部转移的路线、行动、步骤及到达地域都作出了具体规定,要求:"六军团由黄坳、上下溪地域敌工事守备的薄弱部分突围,第一部到达湖南桂东地域,发展游击战争,推广游击区域;第二部,应转移到新田、祁阳、零陵地域,去发展游击战争和创立苏区;第三部向新化、溆浦两县间的山地发展,并由该地域向北与红二军团取得联系。"实际上,中共中央、中革军委不仅要求红六军团到湘中创建新的根据地和联络红三军,更重要的是要红六军团作为中央红军的先遣队,由湘赣苏区先期突围,深入湖南、调动敌人，摸清情况，探探路子，在湘中地区开辟一块新的根据地。中共中央和中革军委电令还明确规定："留在现苏区的应为省委、省苏、军区及各军分区、地方党政组织、地方的独立团（营）和游击队，担任继续发展游击战争、捍卫苏区（的工作）。"同时决定，湘赣省委书记任弼时为中央代表随红六军团行动，以任弼时为主席，萧克和王震为委员组成红六军团军政委员会（即军团党委），为红六军团西征行动的最高领导机关。电令最后要求一切准备工作限8月中旬进行完毕。

红六军团根据中共中央和中革军委的命令，随即召开了红十七、十八两师政治工作动员会议，任弼时作了《争取新的决战胜利，消灭湖南敌人，创造新的苏区与新的根据地》的报告，分析了形势，传达了任务，统一了认识。会后对红六军团进行整顿，从组织上进一步加强了政治机关，补充了兵员及武器装备，对转移的部队作了细密的研究，决定了突围与钳制的方向，对留下的红十六师作了坚持根据地斗争的妥善安排。在突围建议得到批准后，8月7日，红六军团9758人由江西遂川县的横石出发开始转移。8月12日，红六军团在湖南桂东县的寨前圩宣布正式成立军团领导机关：萧克任军团长，王震任政委，李达任参谋长，张子意任政治部主任。西征部队包括红六军团的十七、十八两师及红校学生。萧克兼任十七师师长，王震兼任政委，龙云任十八师师长，甘泗淇任政委。当晚，部队从寨前圩出发，越过郴宜公路，绕桂阳，于8月20日占领新田县城，全歼该城守敌。8月23日，红六军团到达湘江右岸蔡家埠一带，准备抢渡湘江，向新化、溆浦地区前进。

红六军团行动神速，震动了湘、桂两省军阀。湖南军阀何键命令刘建绪率部驰往衡阳，发现红六军团有抢渡湘江意图后，急调重兵防堵湘江；广西方面也派廖磊率敌第七军两师向道县、零陵行进，配合湘军阻挡红六军团西进。8月24日，红六军团军政委员会根据敌情变化，决定放弃在零陵地区强渡湘江的计划，拟在阳明山地区开展游击活动，建立根据地。8月25日，红六军团向新宁、巫山转移并进入阳明山地区。部队到达阳明山后发现，该地区的地形、民情不宜建立根据地，便放弃了在阳明山立足的计划。8月26日，红军进入白果市，敌人跟踪而来，部队立即东进，绕过湘敌十五师王东原部的侧翼，又急转南下，到达嘉禾附近。当敌人发现红军行踪时，又调兵向南追来，红军即折而向西，迅速进到江华、道县之间，渡过了湘江上游的潇水，开展了永安关战斗，破坏了湘、桂军3个师的截堵计划。9月3日，根据中革军委西渡湘江的指示，红六军团在永安关北文市附近占据有利地形，同尾追之敌激战，击溃湘、桂军8个团，于9月4日在该地以南的界首渡过了湘江。9月5日，红六军团攻占西延县城（今广西资源），全歼该城守敌。何键损兵折将，哀叹："十五、十六师跟踪数千里，毫无明确的报告，军队疲于奔命，殊堪痛恨。"

二、转战湘西，进入黔东

1934年9月8日，红六军团到达车田，在这里接到中革军委的补充电令。电令指出："依照地理条件及敌人的部署，目前红六军团最可靠的地域是在城步、绥宁、武冈山地。红六军团应努力在这一地区内，最少要于9月20日前保持在这一带地区内行动，力求消灭敌人一旅以下单个部队，并发展苏维埃运动和游击运动。"电报还指出："尔后应沿湘、黔边前进，经绥宁、通道到贵州之锦屏、天柱、玉屏、铜仁，然后转向湘西之凤凰地区与红三军取得联络，协同红三军于湘西及湘西北地区发展苏维埃及游击运动，并于凤凰、松桃、乾城、永绥地域建立巩固的根据地，其后方则背靠贵州以吸引更多湘敌于湘西北方面。"中共中央和中革军委这次电令是在中央红军进行战略转移一个月前发出的。这次电令不仅修正了第一个电令的内容，更重要的是将红六军团西征的战略目的说得十分明了透彻，就是要求分三步走，最终在凤凰、松桃、乾城、永绥地域建立巩固的根据地，以减小中央红军转移的压力。当天，红六军团由西挺进，在小水遭敌突击。当时，湘、桂、黔三省军阀调集兵力在靖县、城步、绥宁以北设防，堵截红六军团北进。黔军也奉令向黔东地区移动。红六军团如果继续同强敌周旋于城步、绥宁地区，不仅难以取胜，而且会给敌军调整军事部署和建立巩固阵地的时间。为此，经请示中革军委批准，红六军团改变北上计划，夺路南下，于9月16日袭占通道县城，渡渠水，于9月18日进抵靖县新广地区。当时，湘、桂敌军判断红六军团将向西北方向移动，进至黔东地区会合红三军，于是将主力移至北面进行拦截，并令湘敌补充第二总队何平部两个团由靖县南中央桥向新广追击。由于敌系新编，兵力薄弱，又是孤军追击，红六军团抓住战机，在新广杀了一个回马枪，将敌两个团全部击溃，毙俘敌军400余人，缴获步枪400余支，机枪8挺及大批弹药军用物资，狠狠地打击了敌人的嚣张气焰。敌人再也不敢轻易尾追，红六军团从容地进入贵州锦屏、黎平地区。

红六军团向贵州行进，王家烈十分恐慌，生怕其直捣贵阳，即刻在镇远、剑河一带堵击红军。他立即在镇远成立行营，任命黄烈侯为行营参谋长，主持行营工作，又任命王天锡为"前敌总指挥"，率领黔军第一、第六两个团到大小广、八卦河一带堵击。是时，李觉率十九师6个团的湘军，廖磊率第七军9个团的桂军也尾随红军进入锦屏地区。黔军不堪一击，红六军团在清水江流域击溃了黔敌周芳仁旅的防堵，控制了清水江地区。清水江地区是苗族、侗族人民聚居的地区，红六军团正确执行民族政策，得到苗、侗人民的帮助，他们积极为红军渡清水江侦察水势，寻找有利渡口，收集船只，绑结竹筏，架设浮桥，红六军团在剑河南嘉堡、锦屏沿口等地渡过清水江。根据国民党报纸上披露贺龙在沿河一带活动的消息,原计划再北渡舞阳河,进军铜仁、江口,寻找红三军。这时湘军李觉的6个团,扼守在湄潭和余庆间的乌江北岸菁口一带,黔军柏辉章和李成章部从铜仁、思南调往江口、印江、思南一线设防。湘黔边区"剿匪"司令何知重派出参谋长王伯勋率部星夜赶赴清水江畔筑堡,并督促民团协同防堵,以阻止红六军团和红三军会合。9月21日,王家烈亲临马场坪督战。由于形势紧张,又遇上八卦河涨水,红六军团难以渡河,便改变计划向黄平(原"旧州"),待机北上。9月26日,红六军团在剑河大广地区和桂军覃联芳师发生遭遇战,覃师已在大广占领有利地形,湘军和黔军周芳仁旅又步步逼近,红六军团处于被夹击之态势,军团领导决定迅速撤离。在当地群众的协助下,军团从大广西侧山地安全转移,甩脱敌人,转到剑河岑松。大广遭遇战给敌人以重大挫伤,而红军也付出了较大的代价。

9月30日,红六军团进入黄平瓮谷垄,桂军二十四师及湘军补充第二纵队尾追而来。湘军五十五旅、独立第三十二旅及桂军第十九师,已由舞阳河北,分别到施秉、镇远、三穗一线设防,

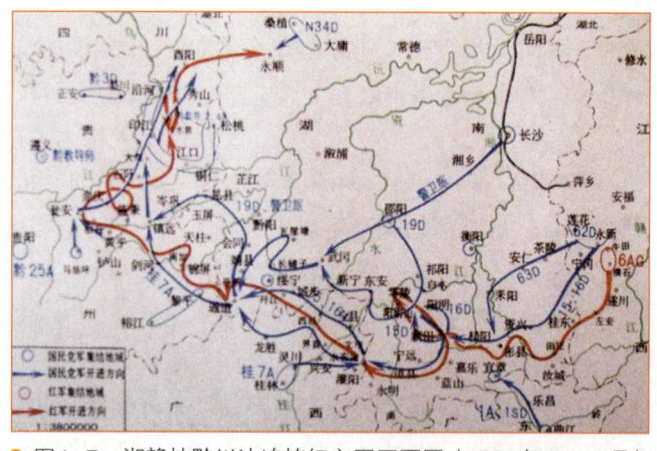

▲ 图1-7 湘赣桂黔川边追堵红六军团要图(1934年8—11月)

王家烈移驻黄平督师,湘、桂、黔三省军阀企图在镇远以南、舞阳河和清水江之间围歼红六军团。红六军团采用"避实就虚"战略,迅速摆脱敌人。10月1日,红六军团在施秉、黄平之间的东坡、兰桥一带击溃黔军第四团,突破敌人的堵截,然后兵分两路渡过大沙河,一路于10月2日攻克黄平,4日攻克瓮安猴场,另一路进至余庆三龙溪,计划西渡乌江。

第三节　红二、红六军团木黄会师

1934年10月24日，红二、红六军团的胜利会师，使两个军团结成了一个战斗的整体，形成了一股强大的战略突击力量，它不仅是红二、红六军团在中国革命战争史上的重大事件，而且是两军跨入新的革命里程的转折点。黔东苏区各族人民对这次会师作出了很大的贡献，是成就"八千健儿，挥戈东向"的重要条件。

一、水田坝会合

石阡地区杀机四伏，红六军团却一无所知。1934年10月7日清晨，李达率前卫红十七师五十一团进入石阡以南甘溪镇，全军团则在甘溪至官庄一线的山路两旁就地休息，许多战士很快进入梦乡。甘溪镇阴森森的，没有一点儿动静，家家关门闭户。被国民党渲染成"怪物"的红军还在十里之外，老乡们就全吓得逃到山里去了。太阳爬出东山，不声不响地打量着黔东的山山水水。甘溪镇北，三个穿黄色上衣和短裤的男人，身后跟着一条狗，顺着通往石阡的大路向这边走来。营长周仁杰一看就觉得不对劲，命令两个侦察员装扮成保长，打着阳伞迎上去，假意表示欢迎，没等对方反应过来，便一个挟着一个，拖进了甘溪。掉在后面的那个见势不妙，扭头就跑得无影无踪。审讯中，这二人承认是桂军第十九师的侦察兵，第十九师正向这边开来。李达不敢耽误，立即上报军团首长，并命令部队占领有利地形。

不一会儿，桂军第十九师先头部队出现了，顺着一条干涸的河道，向甘溪方向隐蔽地进入，太阳当空，敌主力赶到，向红六军团阵地展开攻击。时值中秋,草木开始枯黄,甘溪一带每一个山头都在爆炸中燃烧,枪炮轰鸣,弹雨横飞,杀声迭起,情景异常悲壮。令红军指战员万分恼火的是,桂军特别难打,个儿小,动作快,且武器也好,每个班都有一挺轻机枪。他们进攻时几十挺机枪一起扫射,压得红军战士们抬不起头来。红军部队用的是自制的马尾手榴弹,在山地树丛中,扔出去常常挂在树上,好多落在地上又"不开花"。

天黑了好长时间,得知军团首长已经突出重围,李达这才在机枪连的掩护下,率部撤离战场。可在星光下清点人数,只剩红四十九团、五十一团的两个团部和机枪连,大部队被打散了,和军团部也失去了联系……

在甘溪战斗中,红六军团前卫四十九团、五十一团机关人员及机枪连,在军团参谋长李达和团政委晏福生、苏杰的率领下,突破敌人的重重封锁,出镇(远)石(阡)大道,向东北方向的江口前进。进入江口后,经新罗、闵孝、红石梁、茶寨到达德旺。12日,部队经坝梅寺,绕梵净山、马脑山,至永义、邪土坝之间地带。13日,到达来安营附近,由于此时红三军主力已全部开到沿河,他们一直不知道红三军的情况。通过询问才了解到这一带常有部队活动,但不知是什么部队。李达分析后,认定是贺龙的部队。14日,部队经印(江)沿(河)边境的三合、暗塘一带。15日,部队到达枫香溪、谯家铺、铅厂坝时,李达等人已断定红三军在沿河县城附近,于是精神大振,从铅厂坝出发,很快就赶到了水田坝。

据李达回忆:"我带着先头部队,走在主力前面,担任前导任务。10月7日,我们行到甘溪,不幸被桂军廖磊所部抄了后路,切断了我们与主力部队的联系。所幸这一带林深草密,山峦曲折,便于隐蔽,我们冲出敌围后,就钻进了山沟,甩掉了敌军。我这时清点了人数,只剩下第四十九团、五十一团的两个团部和一个机枪连,总共才四百多人,其他同志在突围中失散了。我们与军团首长失掉了联系,下一步应该怎样行动呢?如果我们折回去寻找主力部队,很可能在途中即重陷敌围,亦有被歼危险。我们先头部队的任务是找寻二军团。而据当地老乡介绍,我们这里距印江只有两三天的行程。如果我们能很快找到二军团,请求贺龙同志派部队接应六军团主力,比我们这四百多人的作用要大得多。想到这儿,我就决定先找贺龙同志,把剩下的人临时编成了一个先遣支队,朝着印江方向飞奔前行。"

李达率红十七师两个团部和机枪连冲出敌包围圈,与主力失去了联系,只得从大地方一带钻进山沟。尽管四面都是敌人,但这里杳无人烟,林深草茂,敌人难以发现。部队在山林中前进,没有地图,也没有可靠的探测设备,只得依靠一个清末遗留下的法国制指北针辨别方向。

10月15日早晨,李达率部刚刚出发,先行的侦察员跑回来报告,他们碰到一个骡子客,说沿河县枫香溪镇附近确实有红军。

"枫香溪?""枫香溪!""枫香溪!"……四百来人兴奋地叽叽喳喳,走起路来浑身是劲。部队走到沿河水田坝时,发现前面山头上已有部队。李达摸过去,隐蔽在树丛中用望远镜观察,山上的部队穿的全是老百姓服装,不是国民党军队。他们好像也发现了山下的部队,正在做戒备准备。看他们的战术动作,颇为规范,似经过严格的正规训练,不会是土匪。

"他们是红二军团的部队!"李达果断地下令,"快,组织喊话,以免误会!"

山下立刻发出一阵阵呼喊:"我们是红六军团——来找你们会师的——""你们是红二军团吗?我们是来找贺总指挥的——"这一喊果然奏效,山上跑下一个小伙子,他看着山下部队的服装,还是有些猜疑,毕竟红六军团是制式军服,不像红三军过了这么多年的苦日子。他似怕泄露军机,不说话,有些公事公办的样子。李达取出纸笔,垫着公文包,匆匆一挥:"贺总指挥,我们是红六军团,奉中革军委命令,从湘赣边根据地出发,前来寻找红二军团会合。我是红六军团参谋长李达,率先遣支队走在前面,希望同你会面。"

信被带走后,李达一屁股坐在石头上,心头猛然间掠过一阵悲凉。对于贺龙的名字,他早就如雷贯耳,但从未谋面。"贺龙是否知道中央派红六军团来会合呢?纵然接上了头,他不能马上派出援兵,我这个参谋长怎么对得起仍在敌人包围中的各位战友啊……"李达抱着脑袋冥思苦想的时候,山上下来几个人,疾步走来。"李达同志!",其中一人气宇轩昂,嗓音洪亮,"谁是李达同志?"李达见到战友,激动得热泪盈眶,精神一振,迎上去:"我是李达!"那人握住李达的手,爽朗地哈哈大笑:"好啊!真的撞到你们啰!我就是贺龙,你们辛苦了……"

这就是贺龙?!头上戴顶礼帽,脚穿草鞋,一身深灰色的老农服装,外表像个骡子客,只有那磅礴之气,让人感觉到大将雄风。"这是我们的政委关向应同志!""关政委!"李达敬军礼。他没想到,关政委生得这么瘦小。"李达同志,你们辛苦了!"关向应亲热地和李达握手,看看远方,问,"弼时同志来了吧?"李达的心情沉重起来,紧着嗓子眼说:"弼时、萧克、王震同志,还在后边和敌人作战。"

贺龙、关向应同志听罢,立即紧锁双眉。贺龙对李达说:"李参谋长,你先把队伍带上山休息,咱们再研究一下接应他们的办法。"

这就是沿河水田坝会合的情景,李达在回忆录中写道:"这是我第一次见到贺龙同志,他那平等待人,豁达大度,在危难之时毫不迟疑地援救兄弟部队的豪爽气概,给我的印象极为深刻,(当时情景)至今还萦绕在眼前。"

二、贺龙率部南下接应

时间回到几天前,在红三军军部,贺龙叼着烟斗,眯着眼想事;关向应膝盖上放着一大摞从沿河县邮局缴来的报纸,一张一张地反复看,还往小本本上抄录着什么,专注得像一个老学者。

没有电台,与外面的世界基本隔绝,将国民党的报纸反着意思看,一般不会错,而且还可能得到一些兄弟苏区的消息。"啊?!军长,你看这旮儿!"关向应抖着报纸,惊喜得咳嗽起来,模仿贺龙的语气叫道,"你看你看啰,六军团来了嘞!报纸上说'共匪萧克、王震率六军团由江西遂川窜向南方,共匪中央代表任弼时亦同行……江西萧克匪部第六军团窜入黔东,企图与贺龙匪部会合……'"

"怪不得呢!"贺龙拿过报纸,看看上面的日期是8月底,默想了一下,说,"关政委,看来六军团出发已经一两个月了,如果是来和我们会合,应该到了黔东地区,敌人都冲他们去啰!""是呀!现在是10月中了,他们应该到了黔东!"

"不能等!"贺龙如临大敌的样子,"红六军团远道而来,人地生疏,我看我们要全军出发,去撞撞看,争取早一下子撞到红六军团!"不久红三军兵分两路,军部率红七师为一路在西;师长钟炳然、政委廖汉生率红九师为一路在东,齐头并进,直指梵净山区。指战员们听说是去"撞"红六军团的,一个个眉开眼笑,走起路来两脚生风。

当时,夏曦在沿河县铅厂主持开展苏维埃工作,贺龙、关向应、卢冬生路过铅厂时,向夏曦汇报部队的行动。听说红六军团要来,夏曦当然高兴,但他沉默了许久,轻轻地摇了摇头说:"不会是敌人的欺骗宣传?他们有什么理由离开井冈山根据地呢?""我想他们确实来了,"贺龙肯定地说,"至于原因嘛,哪个晓得,见了面就知道了。"夏曦也想随军行动,但考虑到手头

🔺 图1-8 贺龙和红三军的战士们

的工作还需要继续推进,便放弃了随军想法。

他一门心思扑在根据地建设上,从一个区一个乡的苏维埃政权抓起,潜心培养土改工作干部,亲自授课,打土豪怎么打,分田地怎么分……搞得很细。

就在同一天,钟炳然、廖汉生率领的红九师与走散的部分机枪特务营的同志遇上了。红二十五团五连连长黄新廷在战斗中拾到一挺机关枪,正高兴呢,发现一个伤员头戴红五角星军帽,这不是红六军团嘛!于是,团长常德善和政委汤成功连夜集合部队,找寻红六军团的战友,一路走一路找,终于,亲人相见了。

贺龙和关向应第二天一早率部出发时,李达要求带着红六军团的同志同行,担任前驱。贺龙却不放心。"李参谋长,有你跟我们一起走可就得了,其他同志不要去了吧,"贺龙说,"他们太累了!"两个团部和机枪连的战友听说要把他们留下来,坚决不干。"好吧,"贺龙笑着说,"我是怕你们掉队嘞,不过,你们记着,万一掉队了,就到枫香溪地区去找夏曦同志。"

怎么会掉队呢?随行的红六军团保卫局科长谭善和发现,原来贺龙的部队人人都是飞毛腿,日行一百二三十里,也非常轻松,有的战士行军间歇甚至能打好两双草鞋,一双自己用,一双送给红六军团的同志。

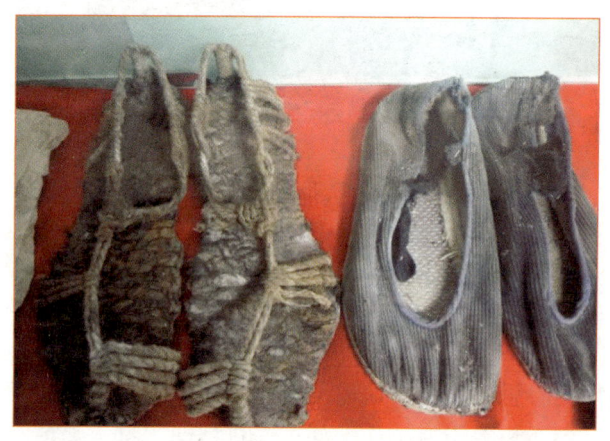

图1-9　红军草鞋和棉布鞋

红三军这时已深入白区腹地,贺龙和关向应都有些担心。且不论随时都有陷入三省之敌重围的可能,刚开辟的新区还不巩固,只留着贺炳炎一个独立师看家,万一敌人探知红三军主力南下,乘虚而入,后果不堪设想。

为了尽快找到红六军团主力,他们决定发兵两路,主动出击。贺龙下达命令:"我们去碰、去撞红六军团!"除了天天强行军,贺龙指示把声势搞得越大越好。红三军一路刷标语,喊口号:"热烈欢迎红六军团!""红六军团同志辛苦了!"……扫荡松桃,驰骋印江,纵横江口。红三军所到之处,地方官僚惊慌失措,报纸上立即出现了《贺龙匪部企图南窜接应肖匪》的文章。

这条新闻把红六军团十七师五十团郭鹏高兴坏了。红五十团在团长郭鹏、政委彭林带领下,完成掩护任务后,懵懵懂懂地在大山里转圈。这天,他们来到一所山中小学,郭鹏从一张国民党报纸上看到了《贺龙匪部在沿河印江一带骚扰,向西南方向蠢动》的消息,全团轰动,大伙儿激动得路都走不动了。他们爬梵净山南麓的苗王坡时,远方传来军号,是红六军团问话的号音"嗒嘀涌……嗒嗒……",小号兵呆了一刹那,举起军号,猛吹起来:"嗒嘀嘀嘀……嗒嘀嘀嘀。"军号亲亲切切,见面时却把彭林政委看傻了,不是红六军团!这是什么部队呀?头上戴的有草帽,有斗笠,有礼帽,有青布缠头……穿的有长衫,有短衫……唯一统一的是,每个人的胳臂上,都系着一根红艳艳的带子!就凭这根红带子,彭林和战友们眼里顿时涌出了泪水。钟炳然和廖汉生率红九师和部分红六军团的同志,高举着双手,扑向亲人。

就在第二天,10月24日傍晚,两军会师于印江县木黄镇。

三、八千子弟聚黔东

红六军团主力在李达先遣支队进入沿河水田坝与红三军会合时,仍在石阡、余庆、施秉间的路腊、马溪、紫荆关一带与敌周旋,迂回奋战十余日。10月17日,主力军突破了湘军的防线,穿过人迹罕至的大峡谷,终于跨过湘、桂、黔敌石阡封锁线,进入石阡、江口边境。10月22日,军团主力翻越苗王坡,进驻印江缠溪。翌日,从缠溪出发,经大坳寺、枫香坪,到达木黄附近的慕龙、落坳一带宿营。与此同时,红三军主力与李达部沿梵净山西麓北上,经大园子、大土、亚盘岭平所,到达芙蓉坝、锅山、建厂、石梁一带,与红六军团取得联系。10月24日上午,红六军团领导人任弼时、萧克、王震、张子意、李达、甘泗淇、袁任远与红三军领导人贺龙、关向应等在印江木黄亲切会面,互相问候,介绍情况,并就进一步行动进行了磋商。部队在木黄水府宫休息整顿。王震见到李达,百感交集,紧紧地握住他的手说:"李达呀,我们还以为见不到你呢!谁知道你真把贺龙同志给找来了。"红三军和红六军团的战士们虽然互不相识,见了面,却像亲人一样,许多战士流下了热泪。贺龙非常高兴,他对任弼时和红六军团的战士们很尊重,特别关切地询问中央红军和红六军团的情况。

在此期间,10月21日,黔东独立师与特区保卫队在苦竹坝与川、湘、黔敌军激战后,一部分经南腰界去火烧桥,一部分由印江俞家岩,经来安营、刀坝去木黄。22日,黔东独立师、黔东特区负责人员、特区保卫队先后到达石梁。黔东独立师沿途打了几户土豪,没收其粮食并杀了几头肥猪,全部运至石梁,为会师准备了充足的给养。23日,红三军政治部及黔东独立师政治部在张家祠堂、简家祠堂墙上写了"打倒国民党""庆祝六军团与二军团会合!"等大幅标语,战士们把石梁打扮得面目一新。红三军政治部、黔东特委、黔东独立师立即组织群众碾米、准备茶水、做三角形小纸旗,准备欢迎。苏区人民知道远方的红军要来的消息,像迎接亲人一样忙碌着。

24日下午,两军团会师时,战士们都热情握手、拥抱、问候,许多人都哭了。

贺龙与任弼时一见面,两人双手紧握,两个钢铁巨人竟滚下泪来。

贺龙和关向应对红六军团非常关心,多次指示红二军团的同志尽一切可能照顾好、保障好红六军团。红二军团在条件相当困难的情况下,尽力给红六军团筹粮、送肉、送盐,组织人员上山选割细软的茅草当铺草。这些无私的援助,感人至深。

两军团领导人从木黄转移至松桃石梁,红六军团和红三军各部,除了石阡甘溪战斗中由龙云率领的第五十二团失散外,全部会集石梁。贺龙、关向应和留在苏区的夏曦率领红三军全体指战员,举行了热烈而盛大的欢迎仪式。

第一章 黔东北革命的历史沿革

图1-10 木黄会师

石梁一带的群众家家腾房，户户让屋，用板子在自家的堂屋里搭起简易床，铺上厚厚的稻草，尽量让战士们睡得舒适些。当红六军团到达石梁时，全村老幼出动，给红军战士递上茶水，用当地的民情风俗迎接远方的亲人，特别对红六军团的伤病员进行妥善安置，给予了及时的治疗和精心的护理。对此，萧克给予了充分的肯定。他说："这一带人民是作出了贡献的。这是造成'八千健儿，挥戈东向，沅澧波涌，狂飙燎原'的重要条件之一。"

当地群众至今仍传唱着当年会师的民谣：

十月里来枫叶红，萧克进来会贺龙，
两军石梁大会合，千军万马逞英雄。

当晚，红三军和红六军团司令部同驻何绍侦家，政治部同驻何家祠堂，警卫营驻牛王庙；红七师师部驻张家寨张克刚家，师政委驻张家祠堂及张启刚家；红九师师部驻大河坝陈家祠堂，师政治部驻陈朝夫家；红六军团十七师师部驻何家寨何天泽家；黔东独立师师部驻昢景怀家，师政治部驻简家祠堂；两军团医院驻板栗坪；各团部驻何家寨、龙洞湾、老院子、李家湾、榜上、凉桥等村寨。贺龙、任弼时、夏曦进一步商谈了两军统一行动问题。此时，黔军李成章部已至松桃境内红石板，王天锡到达了印江来安营。面对如此紧张的形势，红三军与红六军团遂于25日拂晓离开石梁前往南腰界。当天，两军向中央发电，报告了会师情况和黔东苏区建立情况，分析了黔东苏区面临的形势和敌人的情况，并说明两军团应集中行动，加强苏区党的建设和武装领导，开展游击战争，巩固和发展原有苏区，主力由松桃、秀山间伸出乾、松、凤地区活动，建立新的根据地。

1934年10月25日，红二、红六军团会师后给中革军委的电报：

【甲】二、六军团昨在印江之石良（应为松桃之石梁），明日进至酉（酉阳，今属重庆）、秀、印间南腰界，离苏区（中心）四十余里，拟在该地休息一短期。

【乙】贵州苏区在印江，沿河间，正在（乌江）东岸，北岸无苏区，以枫香溪，惟（谯家）铺，云（铅）厂坝为中心，南北一百里，东西六七十里，人口七万，西靠乌江，东南北均系很少的小河。粮食很缺乏。地方武装有独立师千余人。两个独立团七百余人，五个游击队三百余人。数日前黔敌三团进至不及（伏击）中心，现未退。

【丙】六军团现只有五十二团八百余人未到，其余已集中编成三团，总数约三千（无以后统计）。二军团为七、九两师，总数约三千二百，精良充足，但子弹缺乏。

【丁】腾（任）与夏贺会议，二军团以下七、九两师编为三个团,独立师编一个团,共四个团。六军团暂编三团,两军的行动由二军团统一。六军团政治部及保卫局编入二军团。任萧随二军团,想(夏)王李随十七师。

【戊】围绕苏区附近某处(敌)十二三个团,内陈渠珍三团,李各敌不明其何日行动。

【己】湘西之敌陈渠珍本身□□□团,此外杨其昌、廖怀中、雷鸣九共计四团,保安四团分驻凤凰、乾城、桑植、龙山、麻阳、永顺、辰溪等县。

【庚】以目前敌情及二、六军团力量,两个军团应集中行动。我们决定加强苏区党和武装的领导,开展游击战争,巩固发展原有苏区,主力由松桃、秀山间伸出乾、松、凤地区活动,建立新的根据地。

望即复。

10月27日,红二、红六军团在南腰界召开了隆重的会师大会,标志着两个军团胜利地结合在一起了。大会正式开始,首先由任弼时宣读党中央为两军团胜利会师发来的贺电,报告了当前的形势和部队的任务。接着贺龙讲话,对红六军团的到来表示热烈欢迎,并向两军团提出了加强团结的要求。之后,夏曦、关向应、萧克、王震等也在会上讲了话。他们的讲话给红军指战员以很大的鼓舞,增添了战胜困难的信心和力量。当时会师情景历历在目……

《贺龙元帅》一书中这样描述当时情景:

会场中间摆着两张方桌和十几把椅子,算是主席台吧。红旗飘扬的七八千人的会场,军号、歌声、大声的谈笑,人们用各自的方式,宣泄着积压已久的内心的激情。

夏曦、贺龙、关向应和任弼时、萧克、王震等两军首长过来了，顿时众响毕绝，会议由关向应主持，第一个站到方桌上讲话的是任弼时。他首先宣读了党中央为红二、红六军团会师发来的贺电，接着讲两军团会师的伟大意义和成立二、六军团总指挥部的决定。

图1-11 《百炼成钢：中国共产党的100年》中任弼时、贺龙影像

根据中央电令，红三军恢复二军团番号，贺龙为军团长，任弼时为政委，关向应为副政委，统一指挥红二、红六两军团。满场欢呼，一阵阵雷鸣般的掌声常常打断任弼时的讲话。那个特定的环境和时代以及其情其景的人际悲欢，是后人无法理解的。

贺龙登上了方桌。端着烟锅子，头戴八角帽，腰扎宽皮带，脚穿一双崭新的草鞋，乐呵呵笑眯眯地向全场敬个军礼，传奇人物原来平凡至极。

"会师，会师，会见老师嘛！"贺龙话锋一转，他的机智又光芒四射起来，"你们来自井冈山，那是朱德、毛泽东同志领导的苏区，朱毛红军一直是我贺龙和红三军学习的榜样，我热烈欢迎你们！欢迎我们的老师！"

一代元戎，就这样嘻嘻哈哈地逗得满场欢笑，这就是贺龙！

王震刚见到贺龙时，军团政委正儿八经地汇报了部队的情况，"请求总指挥作指示"。

贺龙的烟锅子一点一点，认真地说，"红六军团当前要抓紧三件大事嘞！"

"第一是，睡好觉吃好饭；第二是，洗澡、理发和洗衣服；第三是打草鞋。"

"贺彪啊，"贺龙叫来卫生部部长贺彪，笑眯眯地说，"人家红六军团的马都丢了，你把军医处的马拨一部分给人家嘛！你要亲自挑，挑几匹最好的马送给红六军团的领导们！"

贺龙知道，贺彪善相马，军医处有几匹好马，而以段德昌的最爱——贺彪的"小钢炮"为最。

贺龙没有直说，贺彪已经明白老总的意思了，笑着说："老总啊，你放心好了。"贺彪将"小钢炮"送给了任弼时。

在满场的笑颜中，贺龙逗趣似的嘻嘻哈哈地讲着，没有一句洋道理，指战员们却听得津津有味。最后他说："同志们来到贺龙的地方，想好好休息一下，打双草鞋，这个要求不过分嘛！但是，我们这块根据地是新开辟的，很不巩固，更可靠的根据地在哪里呢？"全场鸦雀无声。只见贺龙抬起左脚，烟锅子敲了敲草鞋底，高音大嗓地说："在我们的脚板上！""哈哈哈——"全场的笑声如涌狂涛。

会议结束时，部队进行整编。二军团4000多人，仍编为两个师，六军团3000多人，暂缩编为3个团。贺龙、任弼时、关向应率领这支近8000人的队伍，告别黔东苏区，向湘西方向前进。他们准备在湘鄂川黔边开辟新的革命根据地。

下课了，晒一晒你学的知识吧!

1. 红军来到黔东是怎样和人民群众融为一体的？
2. 黔东是一片浸染了众多革命者鲜血的红色土地，谈谈本节你印象最深的故事。

第四节　英雄黔东　红色血脉

铜仁是贵州大地第一块革命根据地的所在地。1934年5月，中国工农红军第三军从湘鄂西转战黔东，艰苦卓绝地开辟了黔东革命根据地，使之成为中央红军长征前全国8块革命根据地之一。

铜仁是红军长征第一次重大会师地。1934年10月，红二、红六军团在印江木黄胜利会师，孕育了红二方面军，有力地策应了中央红军战略转移，对中国革命作出了重大贡献。

铜仁是一片浸润革命先烈鲜血的红色热土。1936年1月，红二、红六军团长征再度进军黔东，在这片热土上播下革命火种。

红军将士英勇的足迹遍布梵山乌水间，激励数千铜仁儿女参加红军队伍，汇入滚滚的革命洪流。

一、苏区群众的"负担"

20世纪二三十年代，黔东封建统治势力根深蒂固，"政治不良，民不堪命"，驻军重重压迫，连年兵燹，可谓民困未苏，哀鸿遍野。在德江、印江、沿河等县，以农民为主体，兼小工商业者、破产没落地主乡绅，掀起了波澜壮阔的"神兵"运动，保卫乡土，保护身家，打倒土豪，反抗政府。各阶层群众这种反剥削压迫斗争，目的是去除压在他们身上的各种沉重负担。然而，经济权利的真正实现必须以政治权利的保障为基本前提，辅之以社会其他权利，"神兵"运动的局限性决定了其难以实现既定的目标，特别是在反动势力的拉拢和分化下，"神兵"必然孤立无援而归于失败。

发扬党和红军的光荣传统和优良作风,是红军开展地方工作,以及苏维埃各项建设工作的一大特色和重要前提。红三军抽调大批干部参加地方工作训练班,组织宣传队,从点滴做起,影响启发群众,宣传苏维埃革命的宗旨、任务和纪律。与反动势力焚烧房屋、抢劫财物、催粮逼款等做法截然不同,苏维埃干部有较高的政治思想觉悟,群众观念强,时刻把群众利益放在首位,着力根治社会弊病,宣告不拉夫筹饷,不派捐收税,不要民众办招待,等等。尤其是在艰苦的环境中,苏区各级组织和干部转变工作作风,改进工作方法,自力更生,艰苦奋斗,再苦再累也不增加群众的负担。例如,维持生存所需的物资尽量少向群众征收,而是外出打给养,规定专打豪绅不准拿穷人的、不准出卖所获物资、不准牵走耕牛。仅有的一点物品也分一部分给最穷最苦的群众。随着苏维埃政权的建立及各项工作的开展,苏区人民不仅砸烂了精神上的枷锁,而且第一次在政治上享有了当家作主的权利,工农群众基本利益得到保障,军民同甘共苦,生死相依。

黔东苏区地处高原,土地贫瘠,绝大部分土地被封建地主豪绅占有,通过轰轰烈烈的土地革命运动,无地和少地的农民获得了土地,极大地激发了革命热情。在这一变革过程中,苏区施行了一系列政策、法令。《革命委员会政治纲领及组织法草案》《没收土地和分配土地条例》《农村工人保护条例》等政策法令明确规定,旧烟酒税、屠宰税、大小摊捐、门牌税、枪款、壮丁款等苛捐杂税,一律废除,旧的社会关系不予保护,高利贷无效,当众焚毁农民与地主的借据契约,农民掀翻了旧的不合理债务,大大减轻了生产生活上的压力。苏区创建尽管艰难重重,但是,各级苏维埃政府及其工作人员,不向农民伸手索取财物,不随意征收粮食、油盐、稻草,不轻易要求农民为苏维埃背粮、砍柴、守哨卡，不向农民摊派所需经费，在颁发土地登记证时也不收取手续费。当时，部队最感困难的是给养问题，给养的搬运完全由战士负担，各连队派差事出去搬给养，还经常需要部队掩护。

另外，苏区政府根据生产力发展状况及农民实际负担能力，兼顾不同阶层的利益，实行公平合理负担的政策。如农民协会会员缴纳会费时，无力支付者可不出，还规定苦力负载重量、日行路程和报酬标准等。颁布《优待红军及其家属条例》，发动苏区广大群众做好拥军优属工作，组织代耕队和收割队，帮助红军家属耕田收割，生病时募捐救济等，解决红军战士作战的后顾之忧。这些政策的贯彻执行，使工农群众得到实惠，有效地调动了他们的革命积极性。如淇滩镇的挑水工人，挑水的工资由50文增至100文，刀坝手工艺人的工资，由800文增加到1200文等。

干部的贪污蜕化，实质上就是对群众利益的侵犯。苏区政策规定，对于侵吞、滥用公款的腐化行为，一经发现，严厉制裁。苏区强调"公议执行""公议处罚"，即是发动工农群众对苏维埃工作进行监督。例如财务收支项目要公开，要制作预算，每月定期向农民公布决算结果。每做完一件工作，或有工作人员离职，苏区政府即召开群众大会作工作报告，征求群众的意见和批评。这样既规范了政府和干部的行为，又通过强化监督管理，防止加重群众负担的违纪违法行为，从一系列规章制度上保证苏区群众的合法权益。

面对黔东人民如"神兵"式反抗负担的斗争，由于阶级矛盾的不可调和性，地方反动当局采取两面手法，"既纵之于前，又制之于后"，按地清乡，烧杀抢掳，所过为墟，诸多摊派转嫁于工农阶层，使阶级矛盾更加尖锐。党和红军充分考虑黔东人民的"斗争与情绪"，毅然在此创建根据地，自觉肩负起对农民革命的领导责任，在政治上确立苏区工农的主人翁地位，在经济上解决土地归农的根本性转变,并量力而行地减轻工农群众的负担,也是一个创造性的探索。

(摘自:《血脉史诗》,中共铜仁市委党史研究室编;原作者:徐明忠)

二、红军到,干人笑(回忆录)

1934年6月的一天,忽然间,对门山上有人高声喊叫:"牛吃麦子啰!牛吃麦子啰!"听到喊声,人们都慌忙爬上田坎,拔腿就逃。我心里也着了慌,因为,喊"牛吃麦子啰"是乡亲们发现白匪军后,传递消息的一句暗语。当时我回家准备带点东西,从后门出去,再往山里跑。可是,已来不及了。我刚一转身,就发现有三个背枪的人,在离我不远的地方站着,看他们打扮,又不像是白匪,只见他们满脸笑容,一开口就是:"老乡!不要怕,我们也是穷人。"啊,穷人!这句话多么亲切呀!当我见到他们那种和气又有礼貌的神态,心里虽说不害怕了,可是当我看见他们都带着枪,使我又有猜疑,他们究竟是什么人,是来要东西吗?于是,我不安地走进家里,拿了几件烂衣裳和一升荞麦,送在他们面前说:"实在只有这些东西了,你们拿去吧!"他们三人见我这个举动反倒愣住了。过了一会儿,好像明白了我的意思,便笑眯眯地说:"老乡,我们不拿工人、农民一针一线,你们把东西拿回去放好吧!"我一听,真觉得奇怪,从未见过不要人家东西的军队!于是,我大胆地问:"你们究竟是什么军队?"他们三人异口同声地说:"我们是共产党领导的、贺龙率领的红军!"我一听说贺龙,心里一震,这名字好熟呀!可是,红军究竟是什么军队呢?一时真不知道该怎样答话才好。在默默无言中,我只好将他们从头到脚再打量一番。通过仔细观察,我发现这三位红军的确与白军不一样,他们平易近人,态度和蔼,就像自己的亲人一样。我越看心里越说不出的高兴,于是,带着喜悦的心情,掉过头急忙走进家里,想给他们弄点水来喝。可是,当我把水舀出来时,他们早已放下背包,帮我们到田里插秧去了。见到这些情景,我心里暗自称赞:"红军和我们真是一家人呀!"就在这种说不出来的感情支配下,我一口气跑进了山里,把红军帮助我们插秧的事情告诉了乡亲们,使大家解除了误会,都高高兴兴地回来了。从此以后,我们黔东村村寨寨,都有了贺龙领导的红军。

6月9日,红三军从南腰界出发,经过龙池、唐家溪、松桃县的麻阳、印江的鸡母溪,到达四区刀坝。接着,6月15日,就是由刀坝场出发,经合水坡、岩桑坪、青石板、池坝、小郎坝、红花园等地,来到印江三区的沙子坡。当天晚上,红军就派人到德江县六区的龙塘,抓了伪乡长、大土豪覃礼坤。他是国民党贵州省财粮厅覃茂松的侄儿,平素仗势欺压百姓,无恶不作。16日,红军就把他抓到沙子坡来,召开群众斗争大会。会后,就把覃礼坤押到德江枫香溪,然后在尔当溪花花桥边把他枪毙了。处决了恶霸,真是大快人心。自红三军来到黔东,山区就此变了样,各地红旗招展,处处歌声嘹亮。红军的一言一行,在人民群众中产生了巨大的革命影响。红军真是到一点红一片,走一路红一线。有钱人听说红军到,就吓跑了;干人(穷人)们一听说红军到,就拢来了。真是:红军到,干人笑,山笑水笑人欢笑,寒冬过去春天到。

(摘自:《血脉史诗》,中共铜仁市委党史研究室编;原作者:陈正国)

三、铁的纪律 铁的红军

1934年前后,红三军转战湘鄂川黔边时,为使部队能得到人民群众的支持、站稳脚跟,宣布了行军纪律,要求部队对人民群众要说话和气,不拉夫、不打人、不骂人,也不许乱拿老百姓的东西。

1934年5月,红三军进入黔东后,大量张贴告示,散发传单，阐明中国工农红军的性质、任务和宗旨，宣传红军的十大纪律；不拉夫，不扣船，请人带路，雇船渡河，均给工资；不筹饷，不派捐，不收税，不要民众办招待；除了没收豪绅地主粮食、财产给群众和供给军用外，红军不拿农民一针一线，坚决反对白军和土匪焚烧房屋抢劫民众财物的办法；借了门板、稻草、锅碗要还原处，损失了要赔偿；不进百姓的内房，坚决反对白军中调戏和强奸妇女的现象；保护商人营业，保护商船和行商，买卖按照市价；保护学校教员、学生及一切文化机关与祠堂庙宇；保护邮政局和邮差的安全；不乱杀人，除了为群众所深恶痛绝的官吏、豪绅外，绝对不逮捕和杀戮工农群众；解除了武装的白军官兵，发给路费回家，并且保护军阀军队中下级军官及士兵的家属财产。

▲ 图1-12 《红军在黔东》宣传画（佚名）

经过培训后的红军宣传队，以讲演、出布告等方式宣传不交租、不纳税的政策。红军把粮食直接送到群众家，打土豪和缴获的布匹、衣服等物送给穷人，还帮助百姓种田、修缮房屋、喂猪等，在亲近群众的同时，宣传党的政策，介绍老根据地斗争成果，使群众感受到红军是穷人的队伍，与国民党军阀队伍有着本质的区别，从开始不了解红军的"跑兵"转变为拥护红军，自发起来成立组织，开展斗争。

革命是工农自己的事业，战争和建设都需要付出和牺牲。尽管根据地困难重重，但特区政府从实际出发，除了规定的负担外，绝不随意征收粮食、油盐、稻草，不轻易要求农民为苏维埃背粮食、砍柴、守哨卡和向农民摊派所需经费。红军内部经常进行"反贪污浪费""打给养三不准一必须""保护商业三不准"的教育。苏维埃政府还派人提锣上街，边敲边宣传这些政策和纪律。

土地革命后，根据地军民直接获得了经济利益，参加革命的热情高涨，以主人翁精神直接参与各项建设工作，根据地内形成了一种民主团结、相互监督的氛围。苏维埃政策法令规定，对侵吞财物、滥用公款的腐化行为，一经发现严厉制裁。印江红花园乡、凤谷岭乡的游击中队长吴德高、杨秀章等，因贪污被撤职，德江文化乡杨秀凯因私自出卖打给养时所获得的几床被子，隐藏大洋1块，受到严厉制裁。

红军所制定的纪律和特区颁布的政策法令，针对性强，执行也严格，通过不断帮助群众解决困难和问题，逐步树立了党和红军革命为民的形象和威信。一大批有志青年纷纷加入革命队伍，到1934年10月，黔东根据地有4000余名新战士参加红军队伍，1万多人参加游击队、自卫队等地方武装。

（摘自：《血脉史诗》，中共铜仁市委党史研究室编；原作者：赵文长）

四、黔东独立师浴血梵净山

1934年5月中旬，中国工农红军第三军在贺龙、夏曦、关向应等率领下，从彭水西渡乌江，进入贵州沿河县境以后，抽调部分红军骨干配合地方干部，主要由黔东地方武装组建黔东纵队，并在此基础上于1934年9月底组建红三军黔东独立师，贺炳炎任师长，冉少波（冉云）任副师长，熊仲卿任政治委员，全师约2000人。10月下旬，红二、红六军团会师后，组成黔东特委，重新组建了红二、红六军团黔东独立师，由红六军团十八师五十三团团长王光泽任师长，红六军团宣传部部长段苏权任政委，下辖3个团，约800余人。

红二、红六军团两军会师后，按照中革军委决定，向湘西一带东进。黔东独立师为掩护红二、红六军团东进，以梵净山为游击区，在沿河、德江、印江、江口、松桃境内，与敌军展开了顽强战斗。11月10日，黔东独立师主力由王光泽率领，从印江沙子坡经天堂哨到达木黄，13日抵达张家坝、涧得寺。14日向梵净山护国寺挺进。

独立师另一支部队由段苏权率领，11日到达茅草界，14日来到铅厂坝遇敌折回印江境内，15日驻印江梯子岩、胡家坝、安家坝，到达松桃铧口坪宿营。16日在火烧桥附近被张云梯匪军包围，多数士兵遇害，游击队政委胡宏升罹难，段苏权负伤，少数战士突围后来到护国寺与主力会合。

独立师主力进驻护国寺后，面临腹背受敌的境况，形势十分紧张。在王光泽、段苏权的率领下，组织部队挖战壕、砍树子，筑工事，准备与敌军决战。11月下旬，贵州军阀李成章旅杨昭焯、周相魁两个团从印江张家坝方向进攻，柏辉章师一部分经闵孝、德旺从坝梅寺上进行夹击，双方在护国寺、狮子岩一带展开战斗。激战数日，终因力量相差悬殊，最后弹尽粮绝，独立师于20日下午撤出战斗。在这次战斗中，独立师伤亡严重，多数战士阵亡，于是决定分两路突围。段苏权率师直机关于当天傍晚翻越梵净山经狮子岩、钟灵寺、叫化洞、下茶殿、回香坪、鱼坳、龙潭河，宿营马槽河瓦溪。次日在快场吃过早饭经凯岩、凯文取道松桃落满、寨英。另一路由王光泽带领经狮子岩、老金顶脚、白云寺、牛凤包下冷家坝宿营，次日到寨英与段苏权会合，然后经四川秀山、兰桥、梅江等地,到达川河盖。28日,独立师在川河盖地区被当地团防包围,段苏权在梅江再次受伤后被群众救护,历尽艰辛,伤好后于1937年奔赴延安。29日,师长王光泽受伤被俘,断然拒绝国民党高官厚禄的诱降,12月21日被杀害于西阳县龙潭镇。

黔东独立师为掩护红二、红六军团东进,拖住了数十倍于己的国民党军队、地方反动民团的围追。在战斗中,绝大多数战士献出了宝贵的生命,最后只有十几个人突出重围,辗转到达湖南野猪坪,找到红二、红六军团主力。黔东独立师在梵净山英勇战斗的时间虽已过去80年,但他们的英雄壮举,将永远留在老区人民的心中,永远同梵净山共存。

(摘自:《血脉史诗》,中共铜仁市委党史研究室编;原作者:龙文勇)

五、铜仁·红色记忆

热血故事,永不过时!

铜仁是贵州大地第一块革命根据地所在地。1934年5月,中国工农红军第三军从湘鄂西披荆斩棘挺进黔东,艰苦卓绝开辟了黔东革命根据地。

铜仁是红军长征第一次重大会师地。1934年10月,红二、红六军团在印江木黄胜利会师,孕育了红二方面军,有力地策应了中央红军战略转移,对中国革命作出了重大贡献。

铜仁是一片浸润革命先烈鲜血的红色热土。1936年1月,红二、红六军团长征再度进军黔东,在这片热土上播下新的革命火种。红军将士英勇的足迹遍布梵山乌水间,激励数千铜仁儿女参加红军队伍,汇入滚滚的革命洪流。

"铁石相击,必有火花;水气相荡,乃生长虹。"红色铁流锐不可当,这是在胜利和苦难中提纯的信仰,这是在奋斗与牺牲中淬炼的精神,比金石还要坚硬,比枪炮更有力量。周逸群、旷继勋、欧百川、龙世昌等革命先辈的无畏、无私、无悔、大仁、大勇、大智的精神,横贯于九天河汉,彪炳于万里江山,永远激励我们勠力同心、砥砺奋进。

"此生留得豪情在,再作长征岂畏难。"告别金戈铁马,散尽战火硝烟,今天我们仍要传承好人民解放军的红色基因,凝结崇高的价值追求,积蓄起强大的精神能量,凝聚改革共识,奋力推进绿色铜仁现代化建设。

"雄关漫道真如铁,而今迈步从头越。"军旗猎猎,军歌嘹亮!九十载岁月峥嵘,九十载薪火相传。

不忘初心,继续前进!红色铜仁绿色崛起正当其时!

第五节　抗战中的思南人民

抗战时期，思南人民不畏日本帝国主义的凶残，踊跃应战，民族意识空前觉醒，积极捐资助力，保家卫国，为抗日战争的伟大胜利作出了不可磨灭的贡献。

1931年9月18日，日本帝国主义武装侵略中国以后，中国东北沦为日本的殖民地，宣告全民族抗战的开始。从此中国社会性质发生了变化，民族矛盾上升为主要矛盾，中华民族得到了空前的觉醒和团结，民族团结日益增强，1935年底，中共中央在陕北瓦窑堡召开会议，制定和确立了抗日民族统一战线的方针，深入人心，在这一方针的指导和鼓舞下，思南各族人民积极地参与其中，为抗日战争的伟大胜利作出了不可磨灭的贡献。

抗战全面爆发后，思南城区即成立抗日救亡宣传队，宣传队公演话剧，教唱抗日歌曲，募集资金和物资，以动员人民参与抗战，保家卫国。

在全面抗战期间，20万人口的思南地区，其中男性青壮年不足5万人，而应征入伍上前线的就达10551人，牺牲在战场上有名有姓的烈士257人，输纳抗日军粮11万多石，认购战时公债、胜利公债法币3932万多元，节约储蓄250万多元，献机捐款，修建塘头军用飞机场，修通遵义至松桃国防公路思凤段和完成思印段路基，城内商贾捐款144万元架设城乡电话线路等。

全县青少年学生，为了宣传抗日，组织了宣传队，跋山涉水深入乡村，激励人民踊跃应战，挥戈杀敌，捐献钱物，支援前线，滚滚的抗战洪流，汹涌澎湃于乌江两岸。

一、积极宣传　捐钱献物

1937年全民族抗战爆发，思南这片热土，被抗战的洪流卷得波涛翻滚，城区立即成立了抗日救亡宣传队，公演话剧、教唱抗日歌曲，成立了以县长张伯馨为委员会主任的思南县抗日委员会。随即有652人出征抗日前线。

全县中小学师生，站在宣传抗战的最前列，组织了一支支宣传队，他们的足迹踏遍乌江两岸，"起来，不愿作奴隶的人们，用我们的血肉筑成新的长城""大刀向鬼子们的头上砍去"的抗日救亡的吼声，响彻了思南城乡，东林寺改良私塾的学生，在教师的组织下各人做了一块木板书夹，上面写着"读书救国"，他们组织20多人的宣传队，每逢场期，便走上街道演讲，演唱抗战歌曲。

1939年6月，抢修塘头飞机场，调思南、石阡等四县民工59000多人，投资79.1万多元，次年8月竣工，随后移交空军湖南芷江总站，列为第94站。

1940年6月，中共思南地下党县委书记熊大瀛在城区小学召开思中支委会，传达毛泽东关于"放手发动抗日力量，抵制反共顽固派的进攻"的精神。8月就有1502人出征抗战前线。9月18日，各界人士在县政府大操场隆重举行"九·一八"纪念大会，下午，县民众教育馆宣传队沿街宣传抗日，9月22日，县成立献机募捐队，开展"一元献机"运动，支援抗日，12月1日，县战时公债劝募分队成立。当时就有1131人出征抗日前线，公债献金法币28万元。

三汇乡第二保土家族张子廷夫妻，无儿无女，靠打草鞋勉强维生，在许家坝场上听了抗日宣传，连夜摸黑打了10双草鞋，次日就送到公债劝募分队，说："这是我们的一点心意，请你们送到前方的军队，穿上好打日军鬼子。"说时声泪俱下。县立中学除在城里宣传抗日救亡外,有一次下到大河坝雄磺沟,宣传队员三人一组,一边帮农民挖磺,一边宣传抗日,还把自己勤工俭学得到的钱,全捐给前方,还有30多个学生投笔从戎,出征抗日前线,其中王光明在太行山抗日游击战中,壮烈牺牲。

1940年秋天,塘头小学抗日宣传队由杨胜初、石邦俊老师带队,从塘头—仁和场—大坝场—塘头—母猪岩—川岩坝—三道水往返九天,行程二百余里,募集了抗战献款数百元。这支有着五十来人的宣传队,分成十个组,分头深入农村宣传抗日,唱的内容为"延水浊,延水清,情郎哥哥去当兵,延水清,延水浊,小妹子来送情郎哥,哥哥前方去打仗,要与鬼子拼死活……",群众拥上来围观,宣传队慷慨激昂地演讲了抗日救国,人人有责,应出钱出力的道理。

1942年元旦,晨曦音乐会公演抗日歌剧《黄花曲》《黄河大合唱》。

12月,奉配同盟胜利公债法币12万元,超额完成18.35万元,全数汇解国库,出征壮丁1572人,次年又出征壮丁1503人,公债献金42.59万元;1944年奉令推行节约建国法币250万元,超额完成256.02万元。应征入伍知识青年57名,出征壮丁1494人,1945年春献金1800万元,献粮9906石支援抗日。9月又出征1548人,公债献金3881.94万元。

抗战十四年中,思南人民踊跃出人出工出钱出粮,积极支持抗战。

二、浴血疆场 挥戈杀敌

抗战十四年中,思南人民除了出钱出粮外,还把优秀的子弟送上了抗日前线,思南10551名抗日将士,在上海、南京、台儿庄、武汉、长沙以及太行山、滇缅等战役中,顽强杀敌,守卫正义与和平,或为国捐躯名垂史册,或屡建战功凯旋,为维护国家独立，保卫世界和平和抗击凶恶的日本帝国主义，建立了不朽功勋。

《贵州省思南县抗战阵亡将士名录》详细记载着思南籍257名阵亡将士的职级、部队番号、机关名称、阵亡地点。几乎所有的中国抗日战场上都有思南将士的身影，其中牺牲在松山战斗中的26人，江阴战场24人，南京保卫战中有9人，长沙战场9人，腾冲战场6人，常德战场5人，山西及太行山战场10余人，牺牲的有战士、班长、排长、连长、营长、团长，大多是一线指战员。阵亡的将士中大部分是20岁出头的年轻战士。余成太说，他参加云南松山战斗时才17岁，之后，又参加了云南的坝嘎、腾冲战斗。

阵亡将士中有的家庭还十分富裕，如思南周家盐号的周治绶，牺牲在湖北通城，牺牲时是中尉排长，和他一个连队一起牺牲在同一个地点的还有思南籍上等兵赵玉清。周治绶、赵玉清所属的第八军八十二师，就是后来攻打云南松山的主力师。1942年日军从缅甸入侵云南怒江西岸，利用松山等地构筑坚固的工事，构成密集火网，截断滇缅公路，企图与抗日军对峙。1944年7月，国民党第八军奉令渡江接替第七十一军攻克松山。当时，与周治绶、赵玉清所属的第八军八十二师的同乡张观佑，已是国民军二四六团的少校团副，参加了这次战斗。战斗打得异常激烈，在第三次冲锋中第三营营长谢梦熊阵亡，张观佑奉命接任营长。张随即改变了原有作战方案，采取集中火力，各个击破的战略战术，从坑道逼近敌地堡以大量炸药将其摧毁，获得重大胜利。松山战斗，歼敌三千多人，缴获敌大量轻重武器。解放战争时期，张观佑所在部队起义投向共产党。

张著权刚从四川讲武堂毕业，在国民党施秉县政府任秘书，次年（1937年）就参军奔赴前线抗日。在对日作战中，机智勇敢，不久被提升为营长。1941年9月18日，在长沙第三次战役中，张著权率部退到岳麓山下，利用有利地形与敌周旋，日军遂调集空军进行轰炸扫射，在激烈战斗中，张著权不幸中弹身亡。因其抗日有功，国民政府给予家属32箩大米以示抚恤。

梁秉衡、梁之模都是思南杨家坳人。梁秉衡说，1937年梁之模是国民党第八军一〇三师一团一营长，他还是这个营第三连的一个列兵，抗战爆发，一〇三师开赴上海抗日前线，途中为日寇从后方抄袭，部队向南京撤退，梁之模受重伤阵亡。梁秉衡右肩受伤，转送洛阳治疗，梁秉衡伤愈后编入六军八十五师二五五旅五〇九团三营八连当班长，1938年攻打闻喜县，久攻不下，上级决定组织决死队，用炸药爆炸城垣，梁秉衡便是其中之一。决死队当即乘夜色掩护，队员携带炸药包，腰插短枪匍匐前进，摸到城墙下，敌人毫未察觉，他们埋好炸药，接上引线，退至规定的地点引爆，只听轰隆一声巨响，硝烟弥漫，抗日军一拥而上，攻下了闻喜县城，毙、俘、伤敌2000多人。同年，梁秉衡又参加了侯马镇突围战，日军包围了侯马镇，眼见包围圈越来越小，敌增援部队越来越多，抗日军弹尽粮绝，连长谢亲仁率部突围，不幸牺牲，梁秉衡自动负起指挥突围任务，指挥全连官兵，誓死拼杀，突破重重包围，终于与大部队会合，梁被升为排长。1939年，梁秉衡又参加了夺取日军龙门早梅村据点的战斗，他带着全排士兵每人带6枚手榴弹，冲锋在前，炸出了一条血路，为夺取日军早梅村据点立了头功，被升为上尉连长，来到东北后，还协助苏军追剿日寇。

在该师的三〇七旅六一三团一营任营长的肖志刚，为表抗日决心，1937年初，便将随军妻儿送回思南。同年末，南京失守。次年元旦刚过，肖志刚在率领部队转移时，于南京下关被日军包围，且战且走，英勇顽强，战斗中不幸被敌击中身亡。

1938年，以"学生"身份应试被录在国民党宪兵六团一营三连的汪义勇，是思南板桥南盆人，卧底日伪部门，与日本特务周旋，秘密保护抗日力量，为抗日输送情报。1944年，他与文豪一起受命处决了宁波大汉奸郭亦民。因为妻子的哥哥张旦晖是共产党员，汪义勇还多次利用自己的日伪特工组长"合法"身份，掩护中共地下一三五游击支队员杨明、冯和青、周例平和姚慕珍在他手下工作，为共产党开展情报工作。

1943年，陈忠德随部队调到滇西，在保山参加过歼灭日军反坦克师团的战役；日本宣布无条件投降后，参加过长沙会战的杨胜权、朱成美所在部队改为南京警卫师，两人见证了中国战区日军投降签字仪式；吴清洪随部队转战湖北通城、湖南湘阴、衡阳、永州一带，与新四军在湖北成山配合游击日寇。

周胜华1985年回忆说："1937年我应征入伍，编入第二军炮兵营当兵，1938年我们在军长李延年指挥下，在广西昆仑关、七塘、八塘与日军激战，八月又在湖北宜昌茶店子、风暴山一带阻击日军，1941年在云南泸水、七道河、三家村、火烧山阻击日军，1943年，在盲石坝与日军作战负伤，右腿被炸断，田玉清将我背下火线。"田玉清说："我是1939年应征当兵的，编入第二军炮兵营，认识思南同乡周胜华，从此我们老乡并肩作战，抗击日寇。"

思南塘头人肖炳琨，1935年3月，随兄肖次瞻赴筑（现贵阳），考入贵阳高中，1937年考取复旦大学（此时复旦大学迁至重庆北碚），在校积极参加抗日救亡运动。1938年10月经组织同意，肖炳琨去成都参加了"青年记者战地新闻服务队"华北一支队，踏上抗日征途，后到达晋南中条山。1940年初，肖炳琨随队从中条山奔赴太行抗日根据地。日寇对这一带扫荡，战斗稍停他就进行实地采访，赶写稿子寄回《新华日报》发表，用目睹的血淋淋的事实，揭露日寇惨绝人寰的野蛮侵略行径，激发全民族抗日决心。1941年，肖炳琨加入中国共产党，不久调中共中央北方局领导的华北《新华日报》社任出版科科长。

1942年5月下旬,日寇对太行山疯狂扫荡。6月2日其随部队转移突围,不幸中弹牺牲。

抗战十四年中,思南人民积极参加抗日救亡斗争,抗日将士浴血疆场、英勇奋战的牺牲精神,至今激励着后人。

第二章

黔东北革命遗址

革命旧址,是指近代以来见证我国各族人民长期革命斗争和中国共产党领导的新民主主义革命与社会主义革命历程,反映革命文化的遗址、遗迹和纪念建筑,主要包括:

(一)重要机构、重要会议旧址;

(二)重要人物故居、旧居、活动地或者墓地;

(三)重要事件和重大战斗遗址、遗迹;

(四)具有重要影响的烈士事迹发生地或者墓地;

(五)近代以来兴建的涉及旧民主主义革命、新民主主义革命和社会主义革命的纪念碑(塔、堂)等纪念建筑。

▲ 图2-1 德江枫香溪会议纪念碑

一、石阡古温泉红军洗浴旧址

1936年1月,红军在石阡休整期间,红二、红六军团总部直属机关的同志们听说县城外有一处温泉。大家都想趁着休整的机会到温泉洗浴疗伤,其中贺龙首长在温泉时还留下广为流传的"一件棉大衣的故事",他把身上的棉大衣脱给一个穷人,那穷人也随红军参加了长征。

古温泉在汤山镇温泉社区老街南端,占地8000平方米,始建于明万历三十四年(1606年)。温泉主体建筑坐东向西,依山而建,由山门而进,原建有长廊、民塘、官塘、女塘、聚景亭、武侯祠、太白祠、斗姆阁、茶楼、石塔、碑群等。长廊及塘上建筑为悬山顶建筑。

🔺 图2-2 汤山镇温泉

2009年,石阡温泉公司因开发利用,将红军洗浴处进行改造,古塘已不存在。

二、北塔寺红四师师部旧址

1936年1月,红二、红六军团在石阡期间,红二军团红六师师部驻于北塔寺。

北塔寺位于石阡县城北龙川河东岸。北塔于明万历四十五

▲ 图2-3　北塔寺

年（1617年）由当地知府曾知可倡修，塔高时为五级，名"文峰塔"。天启元年（1621年）增至七级，崇祯三年（1630年）重修，清乾隆三年（1738年）复修。1970年被人为拆毁（所拆砖用于修建新华书店仓库），1989年，县政府组织修复，恢复了原貌。

该塔为八角形，共7级，高28米，塔座第一级为石质结构，以上为青砖砌筑，塔座直径10米，塔顶为红兰彩瓷葫芦鼎，筒瓦屋面，塔顶插1.2米高铁戟3支，塔内每层以木为架，旋梯直达塔顶，内西壁每层嵌佛像砖1块，一级塔门南向，以上各级四方均开拱门。

三、晏明红军烈士纪念塔

1934年10月16日，困牛山战斗中，10余名红军战士与主力部队失去了联系，到晏家湾时，被当地保长杨盘安袭击，押至雷打岩消坑旁，遭廖来喜等人活活推下消坑而不幸牺牲。1976年，时任晏明公社书记的贾明亮等人组织建起纪念塔,将烈士遗骨收殓,安葬于塔下。

晏明红军烈士纪念塔庄严肃穆,4级台阶,27步。塔基平台呈长方形,用材为混凝土,塔座2台,塔高约8米,镶碑3通,竖刻"红军烈士永垂不朽""老红军革命烈士墓,烈士纪念碑""石阡县革命委员会建,晏明公社承办,一九七六年元月一日"等字。

▲ 图2-4　晏明红军烈士纪念塔

四、五德镇铺沟革命烈士纪念墓

1934年秋,红六军团甘溪战斗后,6名红军战士与主力部队失去联系,经铺沟时遭到当地土匪袭击遇难,被抛于山谷消坑(土洞)内。1969年,当地村民将消坑内烈士遗骸收殓安葬于此。

▲ 图2-5　五德镇铺沟革命烈士纪念墓

五德镇铺沟革命烈士纪念墓位于五德镇铺沟村铺沟桥东北侧5米处,建于1969年,坐东北向西南,为石质,呈方柱形,塔高2米,边宽0.8米,墓上书"红军烈士永垂不朽",左面书"为有牺牲多壮志",右面书"敢教日月换新天"等字。塔高2台,均为正方形,占地面积10平方米。

五、红六军团政治部旧址

红六军团政治部旧址位于石阡县汤山镇温泉社区杨家巷,占地面积360平方米,坐东向西,由正房五间,两厢各二间组成,一个大院,大院建筑为悬山顶,建于清光绪年间。其中正房面阔五间,通面阔20米,通进深8米;厢房面阔二间,通面阔8米,通进深3.8米,其中南厢东间为龙门。

1936年1月11—20日红军在石阡休整期间,红六军团政治部就设在该大院内,其人员也住在大院内,因此在杨家巷留下了许多宣传标语,现存三幅标语。

▲ 图2-6 红六军团政治部旧址

六、本庄红军烈士纪念碑

1934年10月,红六军团主力转战石阡本庄,红军战士牺牲数十名。烈士的遗骨和姓名已无从查找。烈士人数刻记于碑,以作缅怀。

石苗寨的消洞坎12位、大窝凼1位;高埠的杨师坳11位、油榨房1位;屯头的川主庙2位、丫丫冲1位;干沟的石坟槽1位、坊牌1位、杨柳田1位;大窝坨的白杨沟1位、杨柳树1位;瓮仰的赶场坝2位;双山的梨树坳1位;乐桥的牛奶奶树1位。

▲ 图2-7 本庄红军烈士纪念碑

七、困牛山战斗遗址

1934年10月7日,甘溪战役失利,红六军团陷入湘桂黔三省敌军20多个团的重围,只能分头突围。16日,困牛山战斗打响,红六军团队部从朱家坝向南转移,拟二进甘溪出石阡。红十八师师长龙云和五十二团团长田海清率领800多名战士断后,战斗到最后的百余名红军战士,面对步步逼近的敌军和被迫走在敌前的百姓,边打边退,一直退到悬崖边。为了不做俘虏和误伤百姓,红军战士们毅然集体跳崖。

困牛山群众被红军壮举感动,很多人冒着生命危险,救助和收养红军,涂三元、朱绍清等群众为红军带路突出重围,张云之等人收留、救助、掩护、收养红军战士数十人,当地群众逢年过节还会到困牛山战斗遗址缅怀红军先烈。

图2-8　困牛山战斗遗址

八、红六军团包溪战斗战场遗址

1934年10月7日,甘溪战役失利。当天下午,任弼时、王震率领的红六军团第十八师,以及萧克率领的红十七师第四十九、五十一团及红校学员,穿越原始荆棘密林,先后到达大地方,但未停留,当晚即迅速转移到包溪红庙(关王庙)一带宿营。

10月8日,桂军第十七师和第二十四师一部尾随红六军团主力追击,上午,敌十九师先头部队追至红庙对面的马鞍山一带,正准备越过包溪河,觅红六军团作战。当桂敌先头部队从马鞍山下蹚过包溪河,大摇大摆向红庙行军时,埋伏在河岸苦竹林里和红庙后山的部队突然向敌人开火,把敌人打得晕头转向,狼狈地往河北岸逃跑。红六军团乘敌慌乱之际,用机枪猛攻,又杀伤一批敌人。面对桂军组织的反扑,红六军团利用有利地形,战斗1小时,打退了敌人的一次次进攻,将桂敌逼退至河北岸斜坡松林中。红六军团完成阻敌任务后,于当日下午,撤离战场,尾随主力向施秉县袁家寨方向转移。

包溪红庙伏击战的胜利，使红六军团主力赢得了安全转移的时间。

🔺 图2-9 红六军团包溪战斗战场遗址

九、东华溪会议遗址

东华溪会议遗址位于思南县鹦鹉溪镇东华溪村，距镇政府驻地2公里。

1949年11月21日，中国人民解放军第二野战军三兵团第十军向德江西进途中，思南游击队负责人朱亚、邵冠群带部分力量随大军西进，下午到达东华溪时，遇到从德江来的松桃游击队负责人腾久光、腾从戎、董啸嵋、田家乐、张嗣鳞和德江游击队负责人先仲虞、刘学礼等同志。当晚，十军首长在一户农民家里召开了由各县游击队负责人参加的工作会议，即"东华溪会议"。

会议由十军政治部主任许孟侠主持，除了各县游击队负责人，参加会议的有十军民运部樊部长，政治部干事郭益荣、宋问斗、李俊嶙，红二十九师八十六团团长郭英会，十军政治部文工团团长魏若萍，二十九师司令部王文钦，随军记者陈一敏、李力华、王景武。

图2-10　东华溪会议遗址

会上，许孟侠介绍了全国解放战争的大好形势和当前的任务与政策，对游击队的主要工作做了安排：发展地方武装、维持治安、做好清剿工作；做好对机关、工厂、学校、档案及邮电交通的保护工作；不要采取报复手段，避免增大阻力；可以建立自己的政权，建立县区乡的政权机构，暂时以"治安委员会"的名义为宜；派同志到遵义请五兵团派员指导；加强对武装的控制，把党员放到武装队伍的各级领导岗位；注意接近群众和发动群众。部队建制，安排人选统一领导，统一名称，把各县的游击队统一编为"中国人民解放军黔东北纵队"，下设支队、大队、中队，其序列是：

纵队司令员：先仲虞；政委：刘学礼；副司令员：朱亚、李国民；副政委：腾久光、安熹、何恩余、仇思明；参谋长：董啸嵋。

第一支队（包括德江、凤冈游击队）驻德江。支队长吴昌荣，副支队长先仲虞；政委仇思明，副政委周知群。有长短枪150支，人员400名。

第二支队（包括思南、印江、松桃的游击队）驻思南。支队长邵冠群,副支队长腾从戎;政委田家乐,副政委肖思平、安天寿;参谋杨富奇;后勤黎盛尧。下设五个大队,一大队长朱俊,二大队长白朝珍,三大队长刘仁喜,四大队长朱开阳,五大队长杨胜初,教导员陈正举。

第三支队成立于湄潭,支队长王少清,政委何恩余。

纵队司令部另设一个直属中队,中队长先仲唐。

会后由十军电台向贵阳发电报,并通报了遵义、铜仁军分区,后由先仲虞主持召开了游击队负责人会议,明确德江、思南各率部回县开展工作,松桃的人员暂住思南。

(摘自:《铜仁地区革命遗址图集》,铜仁地区革命遗址普查工作领导小组、中共铜仁地委党史研究室编)

十、枫香溪会议会址

枫香溪会议会址包括红军医院,红七师、红九师旧址,位于枫香溪镇枫溪社区,属全国文物保护单位,是铜仁市德江县重点爱国主义教育基地,是缅怀革命先烈的红色圣地。

▲ 图2-11 枫香溪会议会址

枫香溪会议会址和纪念碑于1982年2月被公布为省级文物保护单位；2006年，会址、军部、政治部等九处红军旧址被公布为全国文物保护单位。

1934年6月，中国工农红军红二军团（红三军）在贺龙、夏曦、关向应的率领下，转战枫香溪，召开了具有深远历史意义的中共中央湘鄂西分局会议（史称"枫香溪会议"），建立了贵州大地第一块根据地——黔东革命根据地，开展土地革命和武装斗争，孕育了中国工农红军三大主力之一的红二方面军。

图2-12　枫香溪会议会址纪念馆

图2-13　中国工农红军第三军医院旧址

十一、黔东独立师师部旧址

护国寺黔东独立师师部旧址，位于今印江县永义乡大园址村，始建于明万历年间，占地约12500平方米。1934年10月24日红二、红六军团木黄会师后向湘西挺进，留下黔东独立师依托梵净山开展对敌斗争，师部设在护国寺。1956年除"四旧"时期，护国寺被全部拆毁，后于1998年重建。

（摘自：《铜仁地区革命遗址图集》，铜仁地区革命遗址普查工作领导小组、中共铜仁地委党史研究室编）

▲ 图2-14　梵净山护国寺

十二、官塘区革命委员会旧址

1934年红三军建立了黔东特区苏维埃革命委员会，在印江境内建立了4个区苏维埃革命委员会和21个乡苏维埃政府，官塘区苏维埃革命委员会（简称"官塘区革命委员会"）为其中之一。官塘区革命委员会旧址是木结构房屋，坐西向东，现存房屋三间，面阔13.9米，进深8.1米，是穿斗结构小青瓦木房。1981年5月6日官塘区革命委员会旧址被公布为县级文物保护单位。

（摘自：《铜仁地区革命遗址图集》，铜仁地区革命遗址普查工作领导小组、中共铜仁地委党史研究室编）

图2-15 官塘区革命委员会旧址

十三、太阳山革命烈士纪念碑

太阳山革命烈士纪念碑位于印江县城东北太阳山上，纪念碑修建于1975年9月。

该纪念碑由印江县民政局主持修建，以纪念红军的革命活动和在解放印江过程中牺牲的革命烈士。纪念碑坐东北向西南，建筑占地面积120平方米，通高8.8米，是砖砌体水刷石贴面结构，碑体中顶有五角星造型，碑体三面阴刻"革命烈士永垂不朽"八字（模型凝固），两侧为屏风状的角墙，镶嵌碑石并记述碑文，东侧角墙有"红军烈士纪念碑"一通，共计三块，质地为梵

图2-16 太阳山革命烈士纪念碑

净山大青石,隶书阴刻碑文263字;西侧角墙为"革命烈士纪念碑",质地为梵净山大青石,隶书阴刻碑文1172字。纪念碑的后面、侧面为烈士陵墓,共36座墓,沉睡着在战争中牺牲的红军团长张君望等5名烈士、唐山大地震中因公殉职的22人以及病逝的老红军池恒昌等人。陵墓均为椭圆形石砌土墓并有碑文。碑和陵园均是印江革命的历史见证,现保存完好。

(摘自:《铜仁地区革命遗址图集》,铜仁地区革命遗址普查工作领导小组、中共铜仁地委党史研究室编)

十四、红九军地茶战斗遗址

红九军地茶战斗遗址位于印江土家族苗族自治县木黄镇地茶村,居于木黄集镇北三里处,两侧为高山,地势险要。

1934年8月22日,红九师一部经松桃火烧桥,前往木黄搞给养,23日到达地茶坝。24日敌黎刚部向地茶坝发动进攻。红军为诱敌深入,佯装"一触即溃",在岩柯坝稍事休息连夜返回地茶一带隐蔽起来,第二天,红九师与黔东纵队兵分三路直指木黄,对黎刚部形成夹击之势,取得木黄一战的胜利。

▲ 图2-17 红九军地茶战斗遗址

(摘自:《铜仁地区革命遗址图集》,铜仁地区革命遗址普查工作领导小组、中共铜仁地委党史研究室编)

十五、木黄会师柏

木黄会师柏位于印江土家族苗族自治县木黄镇五甲村，木黄至新业的公路旁。树高24米，树围8.2米，树冠覆盖面积约158平方米，树龄1300年。

1934年10月24日，中国工农红军第二、六军团木黄会师，红二军团迎接红六军团，两军在此相会，该柏树是两军团首长相会休息的地方。1987年，老红军陈靖重访长征路故地重游，将此树命名为"会师柏"，现保存完好。

▲ 图2-18 木黄会师柏

（摘自：《铜仁地区革命遗址图集》，铜仁地区革命遗址普查工作领导小组、中共铜仁地委党史研究室编）

十六、红三军军部旧址

红三军军部旧址位于印江土家族苗族自治县木黄镇，为砖、木、石结构古建筑，始建于明代，清嘉庆年间重建，坐东南向西北，现存正殿。

1934年10月24日，红二、红六军团木黄会师时，将红三军政治部设在万寿宫内，正殿为政治部所在地，红军战士住在两厢。旧址占地面积783平方米，建筑占地395平方米，现保存完好。

▲ 图2-19 红三军军部旧址

（摘自：《铜仁地区革命遗址图集》，铜仁地区革命遗址普查工作领导小组、中共铜仁地委党史研究室编）

十七、红二、红六军团木黄会师纪念馆

红二、红六军团木黄会师纪念馆位于印江土家族苗族自治县木黄镇新木街。

1934年10月24日，红二、红六军团于木黄会师，军团部总部机关设在木黄街上的水府宫内，贺龙、任弼时、关向应、萧克、夏曦、王震等在此召开紧急会议，确定了两军团统一行动、统一指挥的方案。水府宫始建于清嘉庆二十一年（1816年），为二进高封火墙围护对称封闭式古建筑，坐西向东，现存建筑依次有牌楼式大门、戏楼、耳房、天井、正厅、后厅等，占地面积887.2平方米，建筑面积579.5平方米。牌楼式大门通面阔13.9米，通高9.1米，为三重檐四柱三层砖石结构，门额竖书"水府宫"三字。一进为戏楼，石砌台基，鼓形石柱础，斗拱式葫芦宝顶，琉璃瓦覆面，前檐、望柱为抱厦，卷棚为正方形藻井重叠呈莲花状，横枋浮雕"空城计"等五幅历史故事图案，两端饰浮雕龙头相向。戏楼南北翼角高翘，饰云雷纹，周卷枝叶纹。

▲ 图2-20　水府宫

1985年11月，贵州省人民政府将会师纪念馆公布为省级文物保护单位。1997年，贵州省委、省人民政府正式确定其为"贵州省爱国主义教育基地"。2005年，中共贵州省委宣传部将会师纪念馆公布为"国防教育基地"，2017年4月，该纪念馆入选全国爱国主义教育示范基地，已列为全国重点文物保护单位，成为各族人民继承革命传统、进行革命传统教育和爱国主义教育活动的场所。

（摘自：《铜仁地区革命遗址图集》，铜仁地区革命遗址普查工作领导小组、中共铜仁地委党史研究室编）

十八、长丰黄家堡剿匪战斗遗址

1950年2月中旬，解放军一三八团三营奉命进驻德江剿匪。24日，副营长桑金秋率九连乔装成县大队前往黄家堡，诱使轻视县大队的曾广爱股匪出洞。不出所料，曾广爱得知黄家堡来了"县大队"，以为又可捞一把，就迅速集结在各地行动的土匪，连夜向黄家堡扑来。九连沉着应战，周密部署，给土匪以沉重打击。遭到重创的土匪迅速溃散,向老巢洞佛寺败退。九连没有立即追击,让其尽数归巢,以一网打尽。26日上午,三营所有部队迅速赶到洞佛寺,包围了山洞,剿灭匪部。

图2-21　黄家堡

同年9月23日,解放军一四八团三营七、八连进占德江县城,德江第二次解放,蔡世康匪部逃至黄家堡。24日,七、八连在黄家堡击溃蔡世康残部,蔡、敖匪政权彻底瓦解。在追击蔡世康匪军的战斗中,八连一排排长陈大友、副排长李光荣,七连三排排长潘艮秀英勇牺牲。

十九、蛇盘溪英雄桥遗址

英雄桥,位于煎茶镇龙盘村蛇盘溪遵思公路上,距煎茶镇约1公里,横跨蛇盘溪,建于中华人民共和国成立之前,原名"蛇盘溪桥"。1966年9月,改建为石拱桥时,为纪念在此桥上遇难的许二则等四位烈士,该桥易名为"英雄桥"。2009年二次改建。现桥身长28米,宽7.8米,高6.7米。

1950年4月初,铜仁西部的思南、德江、印江、沿河及石阡的五个县人民政府机关因当时匪患严重,奉命撤离到铜仁。

德江境内的吴仲明、吴卫群、付明堪等大小匪首竭力配合黔东北地区匪首史肇周攻打凤冈县人民政府的反革命计划，公然破坏县内遵思公路上的桥湾桥、蛇盘溪桥和沙滩桥三座木桥。

4月11日，驻防思南的解放军一三八团团部机关和二营（营长许二则）奉命调防湄潭。部队中午顺利通过临时修复的桥湾桥，下午抵达蛇盘溪，派出先头部队迅速抢修蛇盘溪桥，此时天色已晚。土匪在破坏此桥时，除了掀掉所有桥板外，还在桥梁锯下口子，留下严重的安全隐患。

许二则与副教导员鲁志立带着两名通讯员和一名卫生员同坐一辆车出发。怎料刚一上桥就发生了桥塌车翻事故，鲁志立经抢救脱险，许二则与几名战士被压在水底，壮烈牺牲。

1997年，为缅怀先烈，继承和发扬革命传统，德江县人民政府在煎茶镇修建了烈士陵园，将四位烈士的遗骨迁葬于园中。

▲ 图2-22 蛇盘溪英雄桥

二十、煎茶烈士陵园

煎茶烈士陵园位于煎茶镇政府所在地G326国道旁。由德江县人民政府拨款修建。1997年5月动工，1998年4月落成。陵园占地面积12.5亩，安葬着许二则等四位烈士。

▲ 图2-23 煎茶烈士陵园

二十一、沿河县城红军渡

红军渡位于沿河土家族自治县和平镇，居县城中部，历来是连接县城东西方向的重要渡口。

1934年5月，红三军在贺龙、夏曦、关向应等的率领下，从彭水西渡乌江进入后坪县（现属沿河县），准备择机进取沿河县城。6月1日，县城四十余名船工用二十余只木船帮助红军渡过乌江，占领沿河城。

1934年10月12日，红军第三次攻打沿河县城，一部分红军由这里渡江歼灭黔军杨畅时部，救出我方交通员傅怀忠。

1979年6月1日是红军入沿河县四十五周年，经贵州省人民政府批准，县革命委员会将县城渡口命名为"红军渡"。与红军渡相关的纪念设施主要有红军渡纪念碑、红军渡广场、红军桥。

△ 图2-24　红军渡纪念碑

二十二、红军渡广场

红军渡广场位于沿河土家族自治县城乌江红军渡西岸，广场范围由东风码头南端防洪堤沿乌江上至原丁字口。

△ 图2-25　红军渡雕塑

广场于2005年10月18日落成,中央安放汉白玉红军渡江雕塑,雕塑高10余米,长12米,底座前刻"红军渡"三字行书,两面为红军渡江浮雕,后面刻有红军渡江及建立黔东革命根据地的说明。底座的上方是一艘渡船,高与底座相当,船上塑六名红军战士与一名渡江船工。

雕塑的周围有喷水池,设置彩光灯,每到晚上,当喷水和光柱打开时,蔚为壮观。附近社区的居民每到晚上,都要到广场随着音乐声跳起土家摆手舞,早上有音乐爱好者在广场组织唱革命歌曲、土家山歌。

二十三、沿河县城红三军战斗遗址

首战沿河　1934年5月31日中午,红三军前卫部队在沿河县城西岸洞顶山、粽子顶与沿河守敌彭镇璞团前哨接触。彭敌慑于红军威力,不战自溃,仓促退向东岸。敌人有一排因未来得及逃跑,全部在瓜子坨熊家统子向红三军缴械投降。红三军于6月1日渡过乌江占领沿河城。

▲ 图2-26　沿河县城红三军战斗遗址

二战沿河 1934年8月下旬，红军主力在印江、松桃活动之际，黔敌第三师蒋在珍令第四旅杨畅时部占领沿河城，杨部沿途烧杀淫掠。为了保卫黔东苏区，湘鄂川黔革命军事委员会于9月4日作出了《给黔东特区革命委员会并转各区各乡苏维埃和独立团各游击队的指示》，动员大家保卫黔东苏区、到前线去，争取巩固发展黔东苏区的光荣而伟大的胜利。9月7日拂晓，当时驻淇滩的沿河独立团奋起反击。敌军败退中界坝，即被驻扎在晓景的红三军七师和黔东纵队围歼。红七师迅速占领沿河县城东岸，杨畅时慌忙退至沿河西岸。红九师与沿河独立团、黔东独立团则从淇滩渡过乌江占领沿河县城，杨畅时带兵逃向思渠。

三战沿河 1934年9月下旬，当贺龙率部离开沿河后，敌旅杨畅时再度进入苏区烧杀掳掠，并在苏区周围四处设卡。在此期间，沙子区反动团总田明道抢劫了运往黔东苏区的二十余担药材，杀害了贺龙的好友、彭水开明人士龚渭清，同行的红军特别交通员傅怀忠被捕。为打通川东和黔东的商路，同时为龚渭清报仇，救出傅怀忠，贺龙决定再次攻占沿河县城。经过激战，顽敌死伤无数，其余纷纷缴械投降。杨畅时丢盔弃甲，化装成老百姓从黑水逃到官舟。这次战斗，红军缴获枪支300余支和大批物资、装备，并救出傅怀忠，夺回了中西药材，史称"三战沿河"。

二十四、红三军司令部旧址

红三军司令部旧址位于沿河县城东岸周家坨周家统子。1934年6月1日，红三军渡过乌江占领沿河东岸后，司令部驻在周家坨周家统子，贺龙住在周厚奄家。旧址今保存完好。

▲ 图2-27 红三军司令部旧址

二十五、红七师师部旧址

红七师师部旧址位于沿河土家族自治县和平镇乌江东岸周家坨周永权家，与红三军司令部旧址并列，因房屋外面的走廊用石栏杆做成，人们习惯称之为"石栏杆"。旧址占地面积800平方米。

1934年6月1日，红三军红七师师部驻在这里。

▲ 图2-28 红七师师部旧址

二十六、黔东特区革命委员会旧址

黔东特区革命委员会旧址位于沿河土家族自治县谯家镇白石溪土地湾,距县城约45公里,占地面积1200余平方米。旧址后依群山,前临碧溪,是清同治八年(1869年)举人田太俞所建的木质结构平房,后其子孙世居。该屋为砖木结构,有正房7间,正房两边是厢房,前有朝门,形似撮箕。前为左右八字龙门。屋顶盖青瓦,屋脊用青瓦堆砌,正中垒一大"囍"字,两侧立塑飞鸽。正房前壁为木雕花窗,花草禽兽图案栩栩如生,石阶为细钻青石。正房上方挂着黑底金字的匾额"黔东特区革命委员会旧址",由原红三军第九师政委廖汉生题写。旧址周围从东至西1000米,南至北2500米,分布红军主要直属机关旧址9处,主要有红军干部培训所、黔东特区革命委员会直属警卫连、红军医院、红军枪械所等。

黔东特区革命委员会,又称黔东省政府或黔东联县政府,1934年7月21日由黔东特区第一次工农兵苏维埃代表大会选举产生,有委员80人,常务委员32人,主席孙秀亮,副主席秦育青、陈正国,土地部长田兴才、王顺邦,军事部长汤福林、张君望,经济部长李之兰,政治保卫部长罗享举、黎光富。

图2-29　黔东特区革命委员会旧址

1956年8月24日，贵州省人民政府将黔东特区革命委员会旧址公布为省级重点文物保护单位，并竖立保护标牌。1982年2月，省政府再次将其公布为省级重点文物保护单位。1983年10月10日，全国人大常委会副委员长廖汉生为旧址题字。1986年7月，在纪念中国工农红军长征胜利50周年之际，县政府在土地湾召开庆祝大会，将题字制成黑底金字匾额挂在旧址正房上方。

2006年5月25日，国务院将黔东特区革命委员会旧址公布为全国重点文物保护单位。

二十七、黔东特区第一次工农兵苏维埃代表大会会址旧址

黔东特区第一次工农兵苏维埃代表大会会址旧址位于沿河土家族自治县谯家镇白石溪村张家寨，距县城约44公里。会址旧址原为张氏宗祠，坐西向东，砖木结构，高9米，宽18米，占地面积约1200平方米，建筑面积约400平方米。四周是封火墙，大门由3块雕花青石砌成，台阶铺细钻青石。旧址正面大门上挂有由原红六军团李真题写的"黔东特区第一次工农兵苏维埃代表大会会址"匾额，其上方绘有一颗大红五角星。

1934年7月21日至22日，湘鄂川黔革命军事委员会在此召开了黔东特区第一次工农兵苏维埃代表大会，参加会议的有来自沿河、印江、德江三县代表及红军代表共135人，其中雇农和手工业者55人、贫农25人、中农8人、士兵4人、小商4人、其他职业7人、红军代表32人。

黔东特区第一次工农兵苏维埃代表大会是一次重要的历史性会议，是云贵高原第一次也是唯一的一次苏维埃代表大会，是黔东地区历史上空前的盛会。它选举产生的特区革命委员会，标志着在黔东地区乃至云贵地区第一个红色政权的诞生，标志着黔东革命根据地正式形成。大会通过的决议，从根本上废除了封

▲ 图2-30 黔东特区第一次工农兵苏维埃代表大会会址旧址

建剥削的地主土地所有制,实现了"耕者有其田"的农民土地所有制,解放和发展了生产力。尤其是《关于苗族问题决议》,首次提出了苗族及黔东各民族的平等地位、根本利益和根本前途,使千百年来饱受剥削和压迫的少数民族同胞地位发生了根本性变化,为调动各族人民革命积极性,为在少数民族地区开创和拓展苏维埃运动奠定了坚实的基础,在黔东历史上产生了深远的影响。

1982年2月,黔东特区第一次工农兵苏维埃代表大会会址旧址被列为县级重点文物保护单位。2006年5月25日,国务院将该会址和黔东特区革命委员会旧址作为一组文物被公布为第六批全国重点文物保护单位。

二十八、苏联空军飞行员金角洛夫墓

金角洛夫墓位于沿河土家族自治县和平镇乌江西岸石坡仰天窝,占地面积148平方米,坐南朝北。墓地左、右、前三方有石

礅围墙，墓前竖石碑。墓碑正面书刻"苏联空军金角洛夫烈士之墓"12个大字，背面刻记金角洛夫简介。

抗日战争时期，苏联组织空军志愿队支援中国人民抗击日本侵略军，金角洛夫任志愿队少尉飞行员。1939年12月24日，奉同盟国命令，金角洛夫一行9人驾驶三架飞机，从重庆起飞到南宁、独山上空与日军作战。在执行任务后返航途中，燃油剩下不多，他们根据飞机当时所在的位置，决定沿乌江飞行，以寻找最近的秀山机场降落。飞至沿河上空时，飞机燃油耗尽，被迫在县城南面乌江东岸坝坨河漫滩降落。因河漫滩面积不大，前两架飞机降落后剩下的空地很小，为避免与已降落的两架飞机相碰，金角洛夫驾驶着飞机果断地作横向乌江着陆，并做急速跳伞准备。同机两名飞行员成功脱险，而金角洛夫不幸遇难。

第二天中午，金角洛夫的追悼会在县城乌江西岸万寿宫右侧球场（今县政府大楼后）隆重举行。各机关团体、学校师生、地方绅士等万余人胸戴白花，为金角洛夫送行。他的遗体被安葬在迎将桥（今乌江大桥西桥头）侧，墓旁竖立石碑纪念。

1953年6月，沿河县人民政府为金角洛夫墓重竖新碑。1976年因修乌江大桥，县政府将其迁葬于石坡公墓。1982年2月，贵州省人民政府将金角洛夫烈士墓公布为省级重点文物保护单位。

▲ 图2-31　金角洛夫烈士墓

1985年8月,铜仁地区行署拨专款对墓地进行维护。

金角洛夫烈士陵园,是沿河县的国防教育基地,每到清明节,当地中小学生和社会各界人士均会自发组织前来敬缅革命烈士。

二十九、中共黔北工委旧址

中共黔北工委是在解放战争时期,由中共川东临时工委于1947年12月批准,1948年1月转移到德江县平原十字关成立的,1949年2月经中共中央上海局华南分局批准中共贵州省工委成立后,在中共贵州省工委领导下开展工作。在开展地下革命活动中,中共黔北工委以星火燎原之势,向德江周边地区辐射,先后深入发动群众,组织了多项革命运动,成立了多个进步组织。中共黔北工委先后组建了中国人民解放军黔东纵队、黔东北游击队、湄潭游击队以及郎岱、关岭、晴隆游击队武装,组织了松桃、湄潭和郎岱等地的多次武装暴动。中共黔北工委配合人民解放军入黔过境,接管政权,为贵州人民解放事业作出了重大贡献,谱写了中华民族史上的壮丽篇章。

图2-32 纪念碑

贵州解放后，中共贵州省委曾对中共黔北工委地下斗争史作了这样的评价："贵州地下党和游击队，在国民党白色恐怖下，团结贵州各族人民，进行艰苦、卓绝的斗争，为党、为人民作出了贡献，对贵州的解放是有功劳的。"

为大力弘扬黔北工委革命精神，牢记革命先辈的历史功绩，激励后人，1983年，德江县人民政府在杉园社区营盘山上修建了一座3米高的石刻纪念碑。1985年12月，县政府将其公布为县级文物保护单位。2014年，其被铜仁市授予"全市十大爱国主义教育基地之一"称号，肩负着褒扬先烈、教育群众的使命。2017年，上级部门拨付900多万元专项经费用于黔北工委旧址的修缮改造。建成后，中共黔北工委旧址总面积约6800平方米，包括迎宾广场、陈列馆、爱国主义教育楼、停车场等配套设施。

三十、旷继勋烈士故居

沿着思南县城乌江岸边的安化街行走，在中段西侧可看到一栋砖木结构仿古建筑，这就是旷继勋烈士故居，左侧是旷继勋广场，一尊旷继勋雕像威风凛凛立于其中。院坝正面的墙上是一组表现旷继勋从思南走上革命道路的浮雕，笔法简朴，但内容厚重，很有历史感。

旷继勋（1897—1933），中国共产党早期高级将领、高级指挥员，在我国革命斗争史上作出了极其重大的贡献，他的一生虽然短暂，却树起了一座不朽的历史丰碑。1938年，毛泽东说："旷继勋是好同志，被张国焘错误迫害，应以烈士对待。"2009年，旷继勋被评选为"100位为新中国成立作出突出贡献的英雄模范人物"之一。

旷继勋烈士故居面南向北，为砖木结构四合院，占地面积300平方米，1997年大修，前门嵌中央军委原副主席刘华清题

"旷继勋烈士故居"匾额。故居为三柱二瓜木房二栋,有正房三间,陈列室四间,接待室三间,马房一间,厨房一间,厕所二间,汉白玉半身塑像1尊,还有石门、牌坊和围墙等。现存烈士遗物有清代的象牙筷子1双、木床1张,民国时期的药瓶1个、肚兜1个、钱包1个、印章1枚、酒杯1个、棉背心1件,以及袖标、印章、行军锅、花瓶等。另外还有旷继

图2-33 旷继勋烈士故居

勋烈士在革命各个时期的照片数十张,以及中央、省、地各级领导题词的匾牌等。

旷继勋烈士故居面积虽然不大,但充分展示了旷继勋烈士英勇的一生,一个革命者的形象在人们心中巍然伫立。一代红军"虎将"虽英年早逝,但他理想信念的火种播撒在家乡的土地上,至今仍广为流传、生生不息,他的精神如同滚滚乌江水千年不息,激励着我们逐梦前行。

三十一、中共思南地下县委旧址

1938年9月初,根据中共贵州省工委的决定,中共思南县委员会正式成立。县委领导班子由肖次瞻、熊大瀛、宁起鲲、肖毓雄、金贵昌五人组成,肖次瞻任书记,熊大瀛分管组织,宁起鲲、肖毓雄分管宣传,金贵昌分管青年、妇女和统战工作。肖次瞻起草了《中国共产党思南县委员会成立宣言》,在党员和发展对象中秘密传阅。

思南县委成立后,把党的活动从思南城乡扩大到石阡、印江、沿河、凤冈等地,对思南周边县的革命运动产生了深远的影响。

思南县委的正式成立,使思南地下党组织上连了"天线",下接了"地气"。从此,思南地下党组织在中共贵州省工委的直接领导下,在人民群众中开展党的政策宣传,组织人民群众开展轰轰烈烈的反帝反封建斗争,为思南解放奠定了坚实基础,在我们党的历史上,在贵州党的历史上落下了光辉的一笔。

在中共思南地下县委旧址的基础上,建立中共思南地下党陈列室,坐落在思南县城的老城区中,以开展爱国主义教育活动,为省级爱国主义教育基地,走进纪念馆的小木门,一件件馆藏物品,一个个真实故事,让革命启蒙的神圣殿堂充满了信仰感。

▲ 图2-34 中共思南地下县委旧址

三十二、石阡甘溪遭遇战烈士纪念碑

在石阡县甘溪乡的大山深处有一座烈士陵园,正中矗立着一座高19.34米的红军烈士纪念碑,这是为纪念甘溪遭遇战中英勇牺牲的红军烈士而修建的,纪念碑上刻写着"甘溪死难烈士永垂不朽"格外庄严肃穆。

甘溪烈士陵园属于省级爱国主义教育基地、省级烈士纪念设施，陵园共有烈士墓65座，其中红军烈士墓30座，2000余名红军烈士长眠于此。19.34米是纪念碑的高度，也是时间的刻度；纪念碑下安葬的是1934年甘溪遭遇战中牺牲的红军。90年前，红军的足迹留在这里，战士们用生命和鲜血，在这里留下了深深的红色印迹和不朽的长征精神，而这些红色基因也影响着一代代甘溪人民。

在甘溪烈士陵园，每年有近万人前来为烈士扫墓，瞻仰纪念碑，敬献花篮，以纪念这些为革命事业献出宝贵生命的英雄。

▲ 图2-35　石阡甘溪遭遇战烈士纪念碑

　下课了，晒一晒你学的知识吧！

1. 谈谈你所在的县城有本节中哪些革命遗址。
2. 拟定一份清明节革命纪念遗址祭扫计划。

第三章

黔东北革命故事和人物

一个有希望的民族不能没有英雄,一个有前途的国家不能没有先锋。包括抗战英雄在内的一切民族英雄,都是中华民族的脊梁,他们的事迹和精神都是激励我们前行的强大力量。

——2015年9月2日,习近平总书记在颁发"中国人民抗日战争胜利70周年"纪念章仪式上的讲话

第一节 思 南

在我国社会主义革命的非凡历程中，一代又一代奋斗者顽强拼搏、接续奋斗，涌现出无数感天动地的英雄人物。他们用智慧和汗水甚至鲜血和生命，为民族独立、人民幸福书写了可歌可泣的壮丽篇章。

一、双枪军长旷继勋

旷继勋（1897—1933），原名大勋，号集成。中国共产党早期高级将领，高级军事指挥员。贵州思南人，早年入川从戎，先后在川军赖德祥、杨森、邓锡侯部任排长、连长、营长、旅长。2009年9月，旷继勋被评选为"100位为新中国成立作出突出贡献的英雄模范人物"之一。

▲图3-1　旷继勋

1926年，在共产党人王文鼎和秦青川的介绍下，旷继勋加入了中国共产党，并很快在自己的队伍中建立起党组织。他利用国民党军官的身份，为党组织提供工作方便和掩护。如在他的军营召开党组织会议，派人保卫会议安全；在成都期间，他机智保护了中共四川省委重要领导人刘披云、穆青等。

1929年春，经中共四川省委批准，6月29日在四川省蓬溪大石桥牛角沟，旷继勋率全旅官兵4000余人宣布起义，竖起了"中国工农红军四川第一路军"大旗，建立了四川第一个红色政

🔺 图3-2 蓬溪旷继勋纪念馆

权——蓬溪苏维埃政府。

蓬溪起义胜利后，旷继勋率领红军向西充南部方向进发，并在仪陇建立了四川第二个苏维埃政权。在攻打猫儿寨时，红军长途跋涉，人困马乏，遭到敌军包围，敌我力量悬殊，行动失败。

起义失败后，旷继勋在中共四川省委宣传部部长刘披云的护送下来到位于上海的党中央机关。到上海不久，周恩来亲切接见了旷继勋。周恩来握着他的手说："继勋同志，中国有句俗话，失败是成功之母嘛，蓬溪起义，历时一个月，南征北战，干得不错，失败了，但星星之火，可以燎原，它已在四川乃至中国播下了种子。中国有共产党领导的红军，他们只为人民谋利益。"这次会见，是旷继勋思想上的一大转折，坚定了他革命的信心和决心。

鉴于党的机关屡遭国民党敌特和青帮歹徒的破坏，而旷继勋不仅带过兵、打过仗，并且机智勇敢，党中央决定让他临时参加"打狗队"严惩敌人。旷继勋先后接受了营救中共高层领导彭湃、杨殷，惩治叛徒白鑫的行动，诛杀青帮头子黄金荣等任务。最后击毙了大叛徒白鑫，重伤黄金荣。旷继勋的革命行动，打击了敌人气焰，保卫了党中央机关。

图3-3 《蓬溪起义宣誓》油画（佚名）

  由于旷继勋足智多谋又勇猛过人，经周恩来提议，党中央一致同意旷继勋参加开创革命根据地工作。从1929年秋到1933年5月，旷继勋参与了开创洪湖、鄂豫皖、川陕革命根据地，组建了中国工农红军第六军、四军、二十五军，并担任军长。旷继勋率领的红六军和贺龙率领的红四军在公安县南平会师，两军会师后组编为红二军团，其间经历新集战斗和双桥镇战斗两场著名战役。双桥镇战斗是旷继勋指挥红四军转入进攻作战空前大捷，而新集战斗使红军取得了攻坚战的经验，为以后"围城打援"战斗提供了参考。

  1931年4月9日，王明为了控制各革命根据地，派张国焘到鄂豫皖根据地。6月28日在分局第一次大会上，张国焘以"反右倾机会主义""立三路线残余"为名，撤销了旷继勋红四军军长职务，调其任红十三师师长。旷继勋仍以大局为重，不计较个人得失，积极指挥十三师，配合红四军主力，进行了一系列的战斗，也因此招来了杀身之祸。1933年6月，张国焘设计陷害并以"国民党改组派""右派"等莫须有罪名，将时年36岁的旷继勋秘密杀害于四川通江县洪口场，一代将星就此陨落[1]。

---

[1] 摘编自《中国纪检监察报》2018-08-03. 文章名：《双枪军长旷继勋》（作者：陈安礼、孙秦；单位：四川省蓬溪县委、蓬溪县纪委监委）

旷继勋烈士虽然离开了我们，但他给我们留下的是永恒的记忆。1936年在延安，毛泽东说："旷继勋同志是好同志，被张国焘错误迫害，应做烈士待遇。"旷继勋的一生，是革命的一生，光荣的一生，他将毕生的精力全部奉献给了党，奉献给了人民，奉献给了他所深爱的解放事业！

知识卡片

1928年，旷继勋所在部队斗争形势复杂，他对妻子邓伯玉说："今后，你对外面就说我们已经离婚了，我走后可能改名换姓，不要听说我死了就哭。你要保重身体，带好孩子。"从那时起，一直到成都解放，邓伯玉从未得到有关旷继勋的信息。旷继勋烈士为中国革命事业作出了伟大的贡献。

二、红色思南中学

"任重道远、立志成才"是贵州省思南中学的校训。"任重道远"出自于《论语·泰伯》："曾子曰：'士不可以不弘毅，任重而道远。仁以为己任，不亦重乎？死而后已，不亦远乎？'"意为：士人君子不可以不刚强勇毅，因为他使命重大，路途遥远。把实现仁爱看作自己的使命，不也是很重大的担当吗？到死才停止，不也是路途很遥远吗？百年来，思南中学的莘莘学子始终践行着校训，为实现中华民族的伟大复兴砥砺前行。

◉ 历史变迁

思南中学创建于1904年，时名思南府官立中学堂，历经八县联立中学、省立第七中学、省立思南中学几个主要历史时期，至今已有110多年悠久历史。1951年，贵州省人民政府正式将其定名为贵州省思南中学。思南中学一直站在教育前沿，1960年被

▲ 图3-4 思南中学老校区

▲ 图3-5 思南中学新校区

省人民政府确定为全省6所省级重点中学之一。1980年，再次被省人民政府确定为省级重点中学。思南中学一直面向铜仁地区西部四县（思南、印江、德江、沿河）招生，被贵州省教育厅确定为贵州省现代教育技术实验学校、贵州省首批课改实验样本校。2002年，被省教育厅确定为全省首批9所省级示范性普通高中之一，并成为首批面向全省招生的5所示范性高中之一。思南中学学生组成以少数民族学生为主，其人数占学生总数的87%左右。20世纪末21世纪初，思南县委、县政府对思南中学非常关心、重视，投资5亿多元人民币修建了思南中学新校区，实现了办学条件的历史性跨越。2017年6月，思南中学整体搬迁至邵家桥新校区。

光荣绽放

贵州省思南中学历史悠久，文化底蕴深厚，且具有光荣的革命传统。1930年初，共产党员肖次瞻（现思南县塘头镇尧民村人）作为省政府筹备专员返回思南，召集思南、石阡、印江、德江、沿河、凤冈、务川、后坪等八县代表磋商建校事宜，于1931年冬新建教学楼一栋。1932年开始招生，4月23日正式开学。是年秋，学校名称由省统一规定，更名为贵州省立第七中学，由省直管，肖次瞻担任教务主任。他十分注重青年学生的革命思想启蒙教育，提出了"打倒孔家店！""欢迎德赛二先生！"（"德赛"即民主和科学）的口号，提倡白话文，号召学生组织自治会，在课余时间经常对学生进行反帝反封建的教育，介绍进步书刊，激发学生的革命思想。1933年秋，校长裴伯莹无理开除了向校方请愿的四名学生。在肖次瞻的领导下全校举行了罢课斗争，掀起了思南有史以来的第一次学潮。最后，教育厅撤去了裴伯莹的职务，罢课斗争取得了胜利。经过肖次瞻等革命志士的积极宣传和教育，师生的马列主义水平不断提高。

1940年10月，肖次瞻任中共贵州省临时工委秘书长、思南中学教务主任，在学校建立了黔东第一个地下党组织——中共思南中学地下党支部，培养了一批如熊大瀛等革命者。1950年6月，朝鲜战争爆发，为了响应"抗美援朝，保家卫国"号召，思南中学学生积极报名参加志愿军。最终当地被正式录取的五十人中，几乎都是思南中学的学生。张富贵在上甘岭战斗中火线入党；在乔额山反击战中，鲁万坤所在的连队荣获集体三等功。继肖次瞻、熊大瀛等革命烈士之后，思南中学始终秉承优良的革命传统，谨记"任重道远、立志成才"的校训，始终注重青年学生的爱国主义教育和思想道德教育，为社会培养了大批优秀人才。

▲ 图3-6　熊大瀛烈士像

三、革命烈士肖次瞻

肖次瞻，原名炳煌，又名次旃、汉吉，1905年生于思南塘头镇尧民村肖家院。4岁随兄炳辉读私塾，善学好思，博闻强记，成绩优异。13岁与兄考入镇远中学，因兄早逝，遂返家随父行医至铜仁、常德等地。后考入常德教会学校，英语、数学尤为优异。1924年又随父去武汉，就读于共进中学。学校为共产党人陈潭秋、进步青年钱介磐等创办，为学生提供《共产党宣言》《共产主义ABC》《向导》等书刊学习。在进步思想影响下，肖次瞻开始萌发革命思想。1925年，肖次瞻加入了中国共产主义青年团，积极投身于革命活动。1926年，在武汉加入中国共产党，同恽代英等一起从事革命活动，后出任中华全国邮务总工会筹备处常委。

1927年2月，蒋介石叛变革命，搜捕和残杀共产党人，共产党的活动被迫转入地下。肖次瞻随即转移到上海，化名肖先立，进入海关学校英文专修科学习，主办了《黔首通讯社》。肖次瞻经常撰文揭露蒋介石破坏团结和贵州军阀周西成残害人民的罪行。次年，《黔首通讯社》被查封。肖次瞻又转到湖南洪江以教书为业，主办《洪江日报》，发表了《民国元年说至民国十六年》一文，概述了十六年间国内情况，抨击时弊。1929年，到贵州天柱中学教书。

▲ 图3-7　肖次瞻

1930年初，肖次瞻返回思南，在思南开始从事共产主义革命活动。当时，思南与邻近七县，曾几次酝酿联办中学未果。肖次瞻担起筹办重任，团结地方进步人士，上下沟通，获得石阡、印江、德江、沿河、凤冈、务川、后坪等七县赞同，公推并获省教育厅批准其任筹备专员。次年春，联中建成招生，肖次瞻任教务主任。他利用工作的便利对广大学生进行革命思想的启蒙教育，提出了"打倒孔家店！""欢迎德赛二先生！"的口号，提倡白话文，号召学生组织自治会，在课余经常对学生进行反帝反封建的教育，介绍进步书刊，激发学生的革命思想。肖次瞻的行动唤醒了青年，也刺痛了当局。以校长裘伯莹为首的顽固势力从中作梗，对抗新文化运动。1933年秋，校长裘伯莹无理开除了向校方请愿的四名学生。在肖次瞻的领导下，全校举行了罢课斗争，掀起了思南有史以来的第一次学潮。为取得社会支持，肖亲拟《告思、石、印、沿、德、凤、务、后八县父老书》，列数裘的八大罪状，以快邮代电，上报下发，到处张贴，达半年之久，迫使教育厅撤去了裘的校长职务，斗争取得胜利。省教育厅委覃梦松接任校长。覃到任后，一方面收回被开除的学生，辞退被学生反对的一二个教员；一方面又解除肖次瞻教务主任职务，到此，思南中学的学运告一段落。

1935年3月，肖次瞻与熊大瀛、肖炳琨、李宗泽赴筑（现贵阳）。熊大瀛考入贵阳师范学校。肖次瞻从事马列著作研读，不断撰文在《新黔日报》（副刊）发表，利用各种渠道寻找共产党组织。经熊大瀛介绍，肖次瞻与中共地下党员龚永明、李长青接触。不久，贵阳发生"七一九"事件。中共贵州省工委书记林青被捕，龚永明、李长青转移，肖次瞻亦返回思南。1936年"西安事变"促成国共两党第二次合作。肖次瞻受凤仪小学（亦称城区小学）聘请担任教务主任。1937年9月，进步青年商学礼从贵阳师范学校毕业回思南，带来中共中央文件和进步书刊，肖次瞻即时组织商学礼、肖毓雄等人学习，并且搜集进步书刊在城区小学办起了"凤仪图书馆"，利用恕民书店老板龙正武从四川购进大量进步书籍，传播革命道理，为建立中共思南地下党做好组织上和思想上的准备。

1938年初，熊大瀛由贵阳师范学校毕业返思南。肖次瞻与熊大瀛、商学礼多次讨论，认为建立中共思南地下党的条件已经成熟，于农历正月初九，在天桥商学礼家中召开秘密会议，讨论通过了《中共思南地下党组织大纲（草案）》和《工作大纲（草案）》，并决定派商学礼前往中共贵州省工委汇报建立党组织的准备情况。6月，贵州省工委派宁启琨（汉戈）以合作金库指导员身份作掩护，来思南传达中共贵州省工委承认肖次瞻党籍和建立中共思南地下党的决定。同时批准熊大瀛入党，由肖次瞻、宁启琨、熊大瀛三人组成中共思南临时工作委员会，肖次瞻任书记。7月，派肖毓雄赴筑，向省工委汇报了思南临时工委组织情况并交了肖次瞻的身份介绍。9月初，经省工委批准，正式建立中共思南县委员会，肖次瞻担任书记。先后发展党员22人，建立了机关、思中、城区小学、尧民农村小学等中共支部。在凤仪图书馆举办了3期党员学习班。肖次瞻、熊大瀛分别主讲党纲、党章、《共产党宣言》《辩证唯物主义》《论持久战》等基本内容。还指定党员分片负责，将外围组织"读书会"扩展到农村，利用假期对家乡的政治、经济、文化、民情以及国

▲ 图3-8 《肖次瞻传略》一书

民党党部、地方各级行政现状进行调查，写出《暑假工作报告》，对决定斗争策略起到了积极作用。为了宣传抗日民族统一战线政策和全国抗日形势，县委还办了党内刊物《中和》周刊，学校支部也办了《焰焰》周刊，肖次瞻经常在刊物上发表文章，宣传革命思想，揭露和批判当局压迫与剥削人民的罪行。假期，他带领宣传队到石阡县城演出《放下你的鞭子》《东北沦陷之后》《屠父》《老师的年关》等活报剧。

1939年12月，国民党发动了反共高潮。国民党贵州省党部提出"净化贵州"，查封抗日救亡团体，破坏中共地下党组织。中共贵州省工委执行中共中央制定的"隐蔽精干，长期埋伏，积蓄力量，等待时机"的方针。1940年2月，肖次瞻调省工委工作，抵筑后化名岳亮，在省医院任会计以作掩护。4月，肖次瞻任省工委秘书长兼贵阳县委书记。7月12日，中共思南地下

党组织遭破坏，肖次瞻在筑亦被敌人盯梢，省工委陈于彤要求肖次瞻转移，肖次瞻坚持处理完工作后再走。7月19日，肖次瞻在省医院被捕，关押在省保安处监狱二号牢房。在狱中，肖次瞻为鼓励难友们的斗志，常秘密写诗在狱中传阅，教育难友要严守党的机密，保存党的力量。1940年冬，敌人企图降低狱中生活水平来折磨革命者，激起了难友们的反抗，并发动绝食斗争。11月下旬，肖次瞻被秘密转押到三号牢房。他认为为党献身的时刻迫近，便用铅笔在粗纸上写下一首诗，诗中充满了浩然正气：历尽崎岖路几程，寸心原欲救危倾。黄花寂寞锁深院，浓雾迷漫罩古城。忍受折磨堪励志，相关痛痒见交情。劝君正向光明面，心自安详气自盈。

在狱中，肖次瞻受尽了敌人的严刑拷打并被挖去双目，但他始终忠坚不屈。敌人无计可施，于1940年12月7日深夜，将他秘密杀害于保安处防空洞。

四、革命烈士朱亚

朱亚，原名开选，1908年出生于思南府苗民司朱家坨（现思南县塘头镇尧民村）。4岁读私塾，后毕业于县城凤仪小学。1926年思南师范毕业，由于看不惯当地恶霸地主欺压百姓，朱亚萌发了为民打抱不平的志向。1929年，在塘头加入二十二军赖心辉部，在一师六十二团三营任书记。后随军移驻四川、湖南、湖北一带，目睹了旧军队的腐败。1930年，经该师驻武汉办事处处长杨铁儒介绍，朱亚进入武昌南湖学兵队受训。其间，朱亚受到革命浪潮的影响，大量阅读了革命进步书刊，自觉秘密地书写进步传单，鼓励同队学员关心民族危亡，决不做亡国奴。后被上司发觉以"惑乱军心"判刑三年，押送襄阳囚禁，后得同乡出钱保释出狱。1932年，朱亚回到家乡，经常与肖次瞻接触，意识到要消灭剥削压迫，只有依靠和组织劳苦大众起来革命。至此，朱亚决心从迷惘中挣脱出来。

1938年9月，中共思南地下县委成立，组织上考虑地下斗争需要，由肖次瞻采取个别发展方式，介绍朱亚加入共产党并与之单独联系。为了发展塘头的革命形势，朱亚按肖次瞻的指示，以担任尧民、塘头联保主任为掩护，秘密筹建党的地

▲ 图3-9 朱亚

下武装，发动和领导这一带的革命活动。朱亚利用担任塘头联保主任的工作便利，暗中监视以耿心泉为首的国民党塘头特别党部，组织群众反抗国民党当局拉丁派款，抵制苛捐杂税。1939年，朱亚任塘头机场民工中队长，因教民工唱革命歌曲，引起县长杨仲皋的注意，1940年2月，朱亚被押解思南拘讯一周，解除了联保主任职务。朱亚即偕弟外出，在铜仁岩屋坪汞矿找到工作，继续从事革命活动。

1940年7月12日，中共思南地下党遭破坏，朱亚的妻子彭兰珍闻讯，即将朱亚收藏的进步书刊和党内文件，连夜转移到蜂桶槽朱福林家。13日凌晨，敌人包围了朱亚家，四处搜查，一无所获。朱亚接到妻子寄去的信和路费后即转移到晃县汞矿总厂隐蔽。1942年10月，朱亚带着朱开阳、朱烨然（朱彤）兄弟三人，经沿河、涪陵到重庆，化名周新民，在四川壁山钢铁厂当职员，并领导该厂工人要求提高待遇、改善生活和工作条件的罢工斗争。次年初，离开钢厂转入虎峰打米厂，继续从事工人运动。1946年夏，虎峰米厂倒闭，朱亚到亚洲中学工作。一次，中共南

方局负责人程途、张子英来到亚洲中学，朱亚向他们汇报了1938年肖次瞻单独介绍入党情况和找党经过，并交了身份介绍。后，程、张指示朱亚和该校地下党成立了"大家庭"（即游击训练班）。朱亚经程途、张子英介绍重新入党。

  1947年，朱亚回思南了解地下党遭劫后隐蔽下来的党员政治表现情况，年底回渝向程、张汇报。不久，中共南方局指派朱亚回思南恢复党的组织，建立游击武装，指定与程单独联系。次年2月，朱亚回到尧民。3月，在尧民农村小学召集肖思平、安熹开会，传达中共重庆市工委指示，先后恢复肖思平、安熹、邵冠群、杨福奇、安天寿、陈正举、成宗林的组织关系，正式恢复中共黔东总支委员会，朱亚任书记，组织委员为安熹，宣传委员为肖思平，在朱亚的带领下，中共黔东总支委员会积极开展工作，5月吸收了朱开阳、朱俊、黎盛尧入党，在梓橦阁碾坊召开入党宣誓会，并决定建立游击队，以塘头、尧民、芭蕉为重点发展游击队员。9月，思南地下游击队在尧民农村小学成立，朱开阳任队长，朱亚任政委。11月与德江游击队取得联系。1949年11月17日，思南县城解放，朱亚向解放军首长汇报了地下党和游击队活动情况后，解放军即分发给游击队部分枪支弹药。20日朱亚主持召开了思南地区总支委员会，讨论筹备粮袜支援解放军清剿土匪、处理归降人员、维护交通和社会治安秩序等问题。21日朱亚和邵冠群去东华溪与德江、松桃游击队会合。晚上，解放军二十八师政治部主任许孟侠主持召开各县游击队负责人会议，决定把游击队改编为"中国人民解放军黔东北纵队"。先仲虞任司令、朱亚任副司令，思南为二支队。同年12月21日，黔东北纵队集中凤冈整编。改编为凤冈、德江、湄潭、思南四个县大队，朱亚任大队长兼副政委，同时成立县武装工作团，朱亚任武工团政委。12月26日，由于长期超负荷工作，积劳成疾，朱亚病重卧床。1950年1月21日，中共铜仁地委批准成立中共思南县委员会,朱亚任县委副书记兼县大队副政委。但因病情恶化,医治无效,朱亚于2月6日上午八时在思南县城逝世。1951年8月14日,中共思南县委追认朱亚为革命烈士。

五、关于塘头机场的那些事

思南塘头机场,于1934年奉令勘测修筑。据1935年3月贵州航空筹备处报告称:"查思南为东北重镇,控制松、铜,策应镇、施,屏障桐、遵,声援源(沿)、印,亟应修筑飞机场,以利交通。着由该处选派职处机械教官吴嗣陵前往择地建筑……"修筑塘头飞机场,当初是为了"以利交通",当然也基于军事上的需要。

但机场选址却颇费一番周折。1934年12月,吴嗣陵奉令勘测,"十二月十六日抵思南,十九日赴碗水坝,二十日回思南。查碗水坝在两大山之间,飞机起落极感不便,且面积不够,又为山水储积之地,故不适用。二十一日,赴赵家坝、猪池坝、毛坝等处,均无适当地点。二十二日,赴芭蕉溪、田家坝……亦无适当之地。二十三日返思城,二十五日赴塘头草坝勘测。该地现有面积计南北长1200公尺,东西宽700公尺……四周无障碍,西南两面濒小江(龙底江),东北两面接竹林熟土,内有居民六、七户,以外均为田坝,四周毫无障碍,面积尽可扩展,唯竹林熟土地带,地面约高于草坝一丈,修筑时尽可挖低一半,将泥土填高(指填草坝),使之相平,即可成一长方形之机场,约需民工五、六万……人民正筑乌江北岸之战壕、碉堡,遂暂缓修筑。职乃将机场略图及修筑要件与设备各项交代思南县建设局,俾将来修筑时有所依据……"

◆ 图3-10 抗战时期思南塘头机场跑道旧地

1938年抗日战争形势险峻，8月11日，航空委员会昆明空军总站派服务员马肇元来思南，会同技师李宏文再次进行踏勘，11月26日将勘测地址绘图呈报，继因马肇元奉令调转，于是修建机场之事又停下来。1939年，因前方战事吃紧，设在湖南芷江的航空第9总站面临战争威胁，从而加快了塘头机场的建设速度。4月23日，航空委员会第62飞行场场长管择善、公务员黄新仁到思南县，复会同技师李宏文三勘完竣。于是绘制详图，拟具预算上报，即获批准动工，并预汇5万元，要求次年8月中修筑完竣，塘头机场这才进入了筹建阶段。

机场则设在唐乔镇——塘头区的中心，与区（镇）治所在地隔了一条龙底江（石阡河）。龙底江由石阡县境流出，北行至思南县大坝场曲折而西，流经麻坝、王家坝、皇镇坝三个自然村，总面积3000余亩，多是良田沃土，少有堡丘。三个自然村环绕着平坝的北、东、南三边，西边坎上有空土数十亩，直达江边，机场便筹建在这平坝的中央。

地点划定之后，贵州省铜仁第六行政专员公署曾派来宣传队，在唐乔镇进行抗日宣传，说明建立机场的重大意义，号召群众有钱出钱有力出力，为挽救民族危亡做贡献；同时宣布了对机场占用的农田付给地价、对损坏的庄稼付给青苗费、对参加修机场的民工给予生活补助费等规定，以安定民心，减少阻力。

1939年8月机场建设正式开工。当时称为"第62飞行场"，由贵阳空军第5总站领导，邮政代号171号信箱。群众均称该站为塘头机场。8月初，已是稻谷接近成熟的季节，由于第三中队（青杠坡区）队长吴万选不听从暂缓的决定，致使数百亩稻谷毁于一旦，造成了数十万斤粮食的损失，第二中队（宽坪）划定地区，在该队队长叶润初的带领下，采取先做杂工和"熟一丘、收一丘、动工一丘"的办法，抢救了部分粮食。思南县民工由六个区的六个中队组成一个大队，先后达2万余人。任务按中队划片包干，直至个人。每小队一个食堂，按花户（旧时对户口的称呼）筹摊粮食，菜金按规定每人每日五分钱，实际上被层层克扣，不能按时如数照领；蔬菜供应奇缺，往往是辣椒盐巴佐餐。大、中、小队均有监工员；民工天亮出工，天黑收工，生活极差，饥渴劳累，日晒雨淋，致使不少人患疾，缺医少药，备受折磨，造成人员死亡。

1940年3月，为了加速塘头机场的建设，国民党贵州省政府根据军事委员会决定，又征调印江、石阡、岑巩、凤冈、德江等县民工3万余人赶修。8月，机场基本完工，各县民工先后返回，由思南县部分民工扫尾，并进行过两次补修。11月验收时，共费工140.66万人，民间负担达90余万元。修建中的塘头机场为贵阳空军第5总站的第62飞行场（航空站），建成后划归湖南芷江空军第9总站，改为第94航空站，初定丙等站，首任站长为管择善（河北省唐县人）。站内设有事务、文书、信号、机械、特务等五室，另有测候员3人和20多个场兵。

芷江空军第9总站，辖湖南西部、四川东部和贵州东北的地区，直辖思南塘头的第94航空站，还辖设在秀山县的118分站（建于1940—1942年），这三个站近似一个等腰三角形，便于指挥和协调作战,可见在建站之初,是经过严密考虑的。

1940年1月,贵阳空军第5总站,派人来塘头机场组建第62无线电台,配属机场工作。10月,机场开始验收前,曾有1架供通信用的飞机降落,加油后旋即飞去。12月12日11时许,有两架飞机先后降落。1架三个螺旋桨的飞机停原大枫林方向,1架单螺旋桨的飞机停麻坝。加油后,停原大枫林的先走,停麻坝的飞机起飞时发动机轮下陷,请民工搭起方板,抬出机轮后才起飞。1941年2月10日,曾从机场极高处飞过27架飞机,事先未得情报,站长管择善用望远镜观察,判断是敌机。是日晚,塘头街上群众正在"跳灯",欢度元宵节,突闻空中响起枪声,火光交织,纵横交错,敌我双方空战,我方战斗机1架坠毁于张家寨区宽坪一带。管择善于1941年6月调重庆航空司令部。杨国章接任后,于1942年初调离。第三任站长为唐吉君(广东人,上尉飞行员)。1943年塘头机场改丙等站为乙等站,增设养场分队和医务室。此后,张介(云南人)、胡汉能(广东人)先后任站长,五任站长都是飞行员出身。

抗日战争胜利后,第94航空站奉令关闭,停止使用。所有贵重物资,如汽油、仪器、武器弹药等全部运走,留下几名机械士兵看守机场。配属的第62无线电台全部人员,则调芷江空军第9总站。第94航空站,从开工到竣工,用了13个月,时间紧迫,工程浩大,生活艰苦,思南及其他数县人民,出钱出粮,流血流汗,为抗日战争作出了不朽的业绩。

1949年后,塘头机场全部土地交唐乔镇和沙都乡辟为良田。1954年,贵州省人民政府发文将机场全部土地收归国有;1955年,施秉棉作试验场迁至塘头机场原址,改名为思南棉作试验站;1965年,更名为贵州省思南棉花科学研究所,20世纪80年代初改称贵州省油料科学研究所。

图3-11 贵州省油料科学研究所基地（思南）

（摘编自铜仁市直工委微信公众号，原标题为《塘头九四航空站》，图片源于网络）

六、红军杨德胜

"群众就是我的再生父母，没有他们的掩护，我就死于敌人的屠刀下了。"

多少年来，失散在思南县的老红军战士杨德胜，就这样重复向子女们讲述他的再生经历。每当回想起自己在血海里逃生的往事，他都禁不住泪流满面。

杨德胜是江西万载县黄予区红炉寨人，15岁参加红军。1934年7月，为配合第五次反"围剿"，红六军团9700余人作为中央红军长征的先遣队开始西征。红六军团过石阡、思南时，杨德胜已是52团机枪连排长。10月的一天，他所在部队，经白沙至山口坳进思南，住在瓮溪，当时，瓮溪、司都坝一带，前后共20里的村寨都驻扎了红军。

国民党瓮溪乡长周光荣杀人不眨眼，红军到来之前，他到处吓唬群众说，"共匪"来了，见人就杀，见财物就抢，见房子就烧，还要各家壮劳力去打红军，并放出狠话："哪个包庇'共匪'，我就杀他全家！"

在反动宣传下，当地群众听说红军要到了，都匆忙躲到山林里去了。司都坝的冉隆权,在铁索溪刘成栋家做长工,回家的半路上,听说瓮溪到处住满了红军。他被吓住了,不敢回家,就在山上老远地看,观察寨子的动静,却看不清楚。天黑了,冉隆权悄悄下山,正碰上红军放出的岗哨,便被带到寨子里盘问。冉隆权说,我就是寨子的人,在外面做长工,今天回来看看父母亲。红军知道他是长工后,对他说:"你不用怕,红军是穷人的军队,我们和你们就是亲兄弟。"还拿饭给他吃。

红军走后,人们才敢回家,都去问冉隆权,红军是什么样子的。冉隆权激动地说,红军是好人,是穷人的队伍。人们回家一看,果然东西一件没少,吃了米菜,都在原地方放了钱,还将屋里打扫得干干净净,水缸里的水也挑满了。寨上的周仁银打开屋里装米的柜子看,原来的5升米没有了,但放着一块光洋。"红军原来是好人!"这一下,三乡五岭的群众都传开了,他们都改变了对红军的看法。

红军离开瓮溪后,前往塘头、板桥,碰到敌人的主力,又折向石阡龙塘,遭遇国民党军24个团的轮番包围、阻击。为了掩护军团主力转移,红十八师五十二团800多人,顽强阻击敌人,这支光荣的部队被敌截成两段,一部分向川岩坝转移后,走投无路,在困牛山跳崖就义,还有一些红军被黑滩河天险拦阻,牺牲在黄连桥上及河两岸的反动民团手里。

在黑滩河拦阻红军的,除国民党部队外,还有瓮溪乡长周光荣。他赶着乡兵来到黄连桥,围堵冲出来的红军。当时周光荣的手下肖麻子和安、蔡姓的乡丁,杀红军都很积极,因为杀了人缴一条枪皆有赏。于是,当地人目睹了这惨烈的一幕:有的红军战士被打死在路上,有的被敌追赶掉下深涧,而在黄连桥这里,就有一二百位红军战士被杀害。有一个红军战士,被民团从黄连桥悬崖推下,所幸被崖壁上的树枝拦了一下,掉到河里才没摔死。天黑后,他爬上岸来,摸到农民家,在吴国平的爹那里要了饭吃，并脱下红军衣服，换上当地的衣服，才得以逃到十几公里外的上坝，去给人家当长工，生存下来。

△ 图3-12　思南县瓮溪镇黑滩河

杨德胜的部队在困牛山溃散后，他收拢了十几个红军，涉水过了黑滩河，跑到思南三星茶场坪，又遇到地方恶霸吴治修的搜捕。他们只好从梁子上"梭"下来，沿沟里跑，但是，前前后后都有人围着，十几个人都被民团捉住了。被俘的红军战士大多被民团残忍地杀害，有的被当场用锄头砸，有的被梭标捅，还有的被丢进了深不见底的溶洞，惨烈地牺牲在黔东这块土地上。杨德胜几人被民团带到一家屋里，衣服都被搜去了，连裤带也收走了。民团又将他们吊在房梁上拷打，问哪个是当官的，枪藏在什么地方，折磨到天亮，见问不出什么，便叫嚣着要把他们杀了。

那时的红军战士大多二十岁出头，有的甚至才十四五岁，基本上还是娃娃，经过连续的战斗，部队又被打散了，突围出来，有的连走路的力气也没有。

天亮后，民团的人用绳子捆着几个红军战士，试图杀害红军战士。

老百姓已在几天前经历了与红军的短暂相处,知道红军是好人,不是国民党宣传的抢匪,看红军战士那么小,于心不忍,不顾自家受到的威胁,七嘴八舌地对民团的人说,杀人是损阴德的事,老天爷看着呢。

一个老农挺身而出,拉住站在队尾的杨德胜,对民团的人说:"看这个红军,还是个小崽崽,不懂事嘛,哪晓得当什么'共匪'呀?我拉去给大家看牛吧。"一边说着,一边不顾民团的拖搡,硬是把杨德胜身上的绳子解开,牵了出来。看几个群众都来帮着抢,民团的人就缩了手。

就这样,靠群众的舍命保护,在思南县的瓮溪、三星、上坝这片山岭间,杨德胜、黄通帮、陈洪顺、周克友、王标、张孝廉、张明德、刘森、刘景子……足有十几个红军战士获得了第二次生命,生存下来,并扎下了根,一直等到中华人民共和国成立的那一天。

(摘自:《血脉史诗》,中共铜仁市委党史研究室编;原作者:张进)

七、思南地下党

(一)思南地下党组织诞生

1. 雪岭岗会议

1937年,贵州地下党组织恢复活动。中共贵州省工委委员李策把许多党员和进步青年组织起来,读进步书籍、写进步文章,动员大家积极参与革命,促进思想进步。在贵阳读书的熊大瀛积极参加活动,以笔名"金坚""阿菲"投稿,发表进步文章。与此同时,中共贵州省工委发展了李德邦、丁毅等一批新党员,壮大革命队伍。同年8月,中共中央政治局在陕北洛川举行扩大会议,通过了《关于目前形势与党的任务的决定》和《中国共产党抗日救国十大纲领》,决定在国民党统治区放手发动抗日救国群众运动,争取全国人民应有的政治权利。1938年春,熊大瀛毕业,为了发展党的组织,发动抗日群众运动,他放弃报考大学的机会,接受了党组织交给他的任务,毅然回到思南,经肖次瞻推荐到城区小学任教,一道从事革命工作。

肖次瞻召集熊大瀛、商学礼一起分析了全国抗日斗争的形势、贵州革命斗争的状况。根据思南革命斗争情况,经过多次讨论,三人一致认为建立中共思南地下组织的条件已经成熟,并决定召开筹备会。

为了躲避国民党反动当局的破坏,肖次瞻、熊大瀛、商学礼将筹备建立中共思南地下组织的会议会址选在原大坝场梧桐雪岭岗(今思南县天桥乡黄河村院子村民组)商学礼家中。1938年2月4日,肖次瞻、熊大瀛等人以春节拜年为名来到商学礼家会面。肖次瞻主持召开了历时4天的组建中共思南地下组织筹备会秘密会议,熊大瀛、肖毓雄、商学礼、金贵昌参加会议。会议讨论通过了肖次瞻起草的《中共思南地下党组织大纲(草案)》和《中共思南地下党工作大纲(草案)》两个文件,会议决定委派商学礼将文件带到贵阳转报中共贵州省工委审查批复。中共思南县委召开筹备会后,商学礼于同年3月带着两份文件到贵阳,经孙克武转报中共贵州省工委批准。

▲ 图3-13 雪岭岗会议用的桌凳

雪岗岭会议是思南党的历史上的一次重要会议，以肖次瞻为代表的中国共产党人冲破敌人的重重围堵，大力发展革命骨干力量，筹备建立党的组织，开启了党在思南这样一个贫穷落后、封建势力根深蒂固、国民党统治力量较强的地方的工作新征程。会议按照党的章程和党纲，讨论通过的《中共思南地下党组织大纲》，为中共思南地下组织的发展提供了组织保障，为即将成立的中共思南县委领导人民群众进行反帝反封建斗争提供了根本指导。

2. 中共思南县委成立

中共贵州省工委收到思南筹备成立地下党组织的报告材料后，对肖次瞻在思南的工作给了了充分肯定。1938年6月，中共贵州省工委负责人秦天真委派宁起鲲（汉戈）以合作金库指导员的身份来到思南，传达中共贵州省工委恢复肖次瞻党籍和在思南建立地下党组织的决定。在宁起鲲离开贵阳来思南前夕，秦天真找宁起鲲谈话时讲到，思南工作基础很好，那里有肖次瞻，他是个有斗争经验，在大革命时期就参加革命的老党员。思南党的关系已同中共贵州省工委接通，但尚未正式成立县一级的领导机构，秦天真要求宁起鲲以代号"贵风"与肖次瞻、熊大瀛联系，并写了一个有署名的小纸条给宁起鲲带去。

宁起鲲到达思南与肖次瞻接头后，在思南城区小学召开会议，传达中共贵州省工委的指示，并按中共贵州省工委的批复意见，决定成立由肖次瞻、熊大瀛、宁起鲲三人组成的中共思南县临时工作委员会，由肖次瞻任书记，熊大瀛任组织委员，宁起鲲任宣传委员。中共思南县临时工作委员会决定宁起鲲以合作金库指导员的身份作掩护，到石阡开展工作，派徐应荣到镇远以读书为掩护开展工作。同时，按照中共贵州省工委的规定，中共思南县临时工作委员以"绍初"为代号与中共贵州省工委的代号"贵风"直接联系。

1938年暑假,贵州省教育厅在贵阳师范学校举办教师学习班,通过教育科长尹克钧的联系,肖次瞻派肖毓雄以参加学习班为名,带着肖次瞻入党时的身份介绍和中共思南县临时工作委员的工作报告,报送中共贵州省工委汇报工作情况。同年7月,肖毓雄到贵阳后,在文笔街六号找到"贵风",向高时久(高昌谋)交了所带的材料。很快,秦天真代表中共贵州省工委在水口寺接待了肖毓雄,听取了肖毓雄关于思南地下党组织工作情况的汇报,秦天真代表中共贵州省工委批准了中共思南县临时工作委员会上报的组织情况的报告,并把正式批准成立中共思南县委的文件交给了肖毓雄。

同年8月,肖毓雄带着批示文件回到思南。根据中共贵州省工委决定,中共思南县委员会(简称中共思南县委)正式成立。县委领导班子由肖次瞻、熊大瀛、宁起鲲、肖毓雄、金贵昌五人组成,肖次瞻任书记,熊大瀛分管组织,宁起鲲、肖毓雄分管宣传,金贵昌分管青年、妇女和统战工作。肖次瞻亲自起草了《中国共产党思南县委员会成立宣言》,在党员和发展对象中秘密传阅。1940年3月,肖次瞻奉中共贵州省工委指示调贵阳工作。之

▲ 图3-14 中共思南县委员会成立地:凤仪书院(现思南县第一小学)

前,宁起鲲亦离开了思南,这样,思南县委委员的分工也进行了调整,熊大瀛任书记,肖毓雄分管组织,商学礼和李宗泽共同分管宣传,金贵昌分管青年和妇女工作。

中共思南县委的正式成立,是思南历史上开天辟地的大事变,这为在黑暗中苦苦挣扎的思南各族人民带来了胜利的红色曙光。从此,思南各族人民争取民族解放、生活幸福有了主心骨。

中共思南县委的正式成立,标志着黔东北第一个县级党组织的诞生。中共思南县委成立后把党的活动从思南城乡扩大到石阡、印江、沿河、凤冈等地区,对思南周边县的革命运动产生了深远的影响。

中共思南县委的正式成立,使思南地下党组织上连了"天线",下接了"地气"。从此,思南地下党组织在中共贵州省工委的直接领导下,在人民群众中开展党的政策宣传,组织人民群众开展轰轰烈烈的反帝反封建斗争,为思南解放奠定了坚实基础,在我们党的历史上,在贵州党的历史上落下了光辉的一笔。

(二) 开展革命斗争

1. 援救被捕学生

1939年4月,一架在武汉上空与日本飞机空战后要回湖南芷江机场的苏联飞机,因找错航线,被迫降落在思南乌江河中的沙洲上。这件事轰动了思南县城,驾驶员被国民党县政府接走,人们这才知道是苏联人民在帮助中国抗击日本侵略者。中共思南县委因势利导,立即组织开展苏联人民对中国人民友好情谊的宣传,以此扩大社会主义在人民群众中的影响力。

后来,停在沙洲上的飞机,由塘头飞机场指挥部派机械师拆卸,装在一艘大木船上待运往重庆。有一天,省立七中学生安天荣、冯大湘等人去船上看飞机,因为好奇,他们在船上拣了一颗飞机上的螺钉在手中玩看，被守护飞机的士兵看见，污蔑其"破坏飞机"，他们不服，便吵了起来。学生们离船上岸后，士兵还在骂。为了还击，安天荣捡了一个石头向士兵砸去，结果砸在木船的雨篷上。士兵以"有意破坏飞机"为由，将他们带到县政府关押起来。有同学知道后，向老师和校长汇报这个情况，顿时全校师生哗然，十分气愤。青年教师邓时全、许邦华和高昌华等人更是怒不可遏，他们去找校长魏伯明，以学校的名义出面据理驳斥县政府无理的抓捕行为，要求县长杨仲皋立即释放学生。魏伯明亲自写信给县长杨仲皋，结果杨仲皋回信坚持污蔑学生"破坏飞机"，拒不放人，更激起了全校师生的愤慨。

思南中学全校师生在校党支部的领导下，开展罢课和上街游行斗争，老师们走在游行队伍的最前面，学生们打着标语横幅，唱着歌，喊着"反对县政府无理抓捕学生"的口号，数百人沿街行走。不少民众也加入师生游行队伍。到达国民党思南县党部后，校长魏伯明要求国民党省党部办公厅主任周达时与师生对话。周答应由他去找县长杨仲皋交涉释放被关押的学生，并保证事情会妥善解决。当队伍经过县政府大门时，一部分学生出于义愤情绪喊着"把关押的同学放出来"的口号，并冲到县政府大门口表达不满情绪。县政府方面早有准备，派了不少的保安队士兵把守，阻止学生冲击县政府。在学校师生的强烈抗议下，县政府于当晚便将关押的学生释放。事后，国民党中统局称此为"包围县政府"事件。这次事件，是中共思南县委领导学生运动取得斗争胜利的重大事件，也让思南群众看到了中共思南县委发动学生运动的力量。

2. 开展农村斗争

中共思南县委在城区开展革命斗争的同时，把工作扩大到思南农村。1939年，思南县第一个农村基层党组织——中共思南县农村小学支部在塘头尧民里小学秘密成立,由金贵昌任支部书记,邵谷光任农运委员,成钟琳任学运委员。朱亚是肖次瞻发展的党员,与肖次瞻保持单线联系,由肖次瞻委派在塘头尧民里任联保主任。为加强农村党的工作,中共思南县委指示朱亚与金贵昌直接发生领导关系,加强农村党支部工作。党支部办公地点设在尧民里的梓撞阁。中共思南县委利用尧民里小学在穿硐、白鱼沟、仡佬坝、仁和场、南盆、马蹄土、岩门口、芭蕉等地有10所分校的优势,组织地下党员在这些分校举办农民夜校提升农民的知识水平,壮大革命队伍。县委还在农村广泛开展抗日救亡运动,宣传党领导的八路军、新四军及其他人民军队在中国抗日战争中的中流砥柱作用,动员农民群众积极参与民族救亡运动,号召农村群众为抗日捐款捐物、参军参战。这段时期,思南县委在农村建立革命阵地,积极发展壮大革命力量,为后来思南地下党组织建立游击武装,配合人民解放军解放思南奠定了坚实的基础。

3. 秘密从事兵运

中共思南县委成立后,高度重视兵运工作,根据中央军委开展兵运工作的指示,明确兵运的目的是破坏、削弱敌军力量,变反动武装为革命武装。中共思南县委积极开展宣传活动,进一步扩大了革命影响力。

1937年下半年,国共两党实现了第二次合作,思南城乡抗日救亡运动迅速掀起,共产党员朱亚按照肖次瞻的指示去镇远参加贵州省第一行政专员公署举办的训练班,受训3个月,回来即担任塘头尧民里联保主任,以此为掩护,在塘头一带从事地下兵运工作。由于朱亚有服兵役的履历和从事军事斗争的经验,中共思南县委委派他参与领导民工修建塘头机场,积极与塘头机场驻守的国民党官兵接触,与国民党地方保甲武装交朋友,在士兵和工人中传播进步思想,培养革命骨干。1939年,朱亚领导修建塘头机场的民工反对工头克扣口粮和任意打骂民工而进行罢工斗争，并教唱革命歌曲，引起国民党当局的注意。1940年2月，朱亚在被拘押审讯一个星期后释放，其联保主任职务也被当局解除。

从1938年建立第一个党支部开始，思南地下党组织就深深扎根于人民群众之中，积极开展革命活动。在艰苦的地下斗争中，思南地下党组织充分发动和依靠群众，正确执行上级指示，广泛打击反动势力，积极动员民众支援抗战，全力配合人民解放军解放思南，不屈不挠，创造了永垂青史的光辉业绩。

4. 从事武装斗争——思南游击队成立

1948年5月，中共思南地区总支委员会在塘头尧民里梓撞阁碾坊召开会议，由朱亚、安熹介绍朱开阳、黎盛尧、朱俊等3人加入中国共产党，并遵照重庆市委关于开展游击武装斗争的指示，确定建立思南游击队，由朱开阳任队长，朱亚任政委，朱俊任副队长，安熹任副政委，肖思平任参谋，黎盛尧任供给，会议还决定以塘头、尧民、芭蕉为重点，党员分片负责，发动群众，发展游击队伍组织，坚持以农民为骨干，采取个别访问、互相串联的办法，发展"不打旗号"的队员。

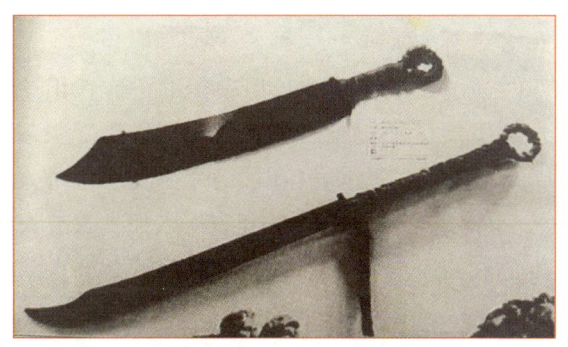

▲ 图3-15　思南县地下党员使用的武器（现藏于中共思南地下组织斗争史陈列室）

朱亚的主要任务是通过他与妹夫鹦鹉溪乡乡长刘仁禧的关系，争取刘仁禧手下的100多人起义。经过不懈努力，朱亚发展了朱明初、朱朝乡、李必成、汪河润、张观宗、朱世儒、李崇先、彭吉臣、王朝锵等人。

朱开阳打入敌军内部夺枪未成，便利用旧同事的关系，争取了允文乡乡长杨天钺率部30余人起义，发展了陈天府、李廷甲、李廷俊、任育林、汪文德、王守文、罗永锡为游击队员，并通过陈天府、喻朝魁发动大坝场四维乡、兴隆场街上的白朝珍等40多人起义。

图3-16 思南健在的地下党员黎盛尧

肖思平发展了秦义太、肖茂强、王恩林等20多人参加游击队。

在芭蕉溪一带，安熹通过在群众中有影响力的陈尚平、冷纪乾等人组织发动群众抗兵、抗粮。邵冠群在邵家山一带，通过串联发展了20多名游击队员。

安天寿做通了崇圣乡副乡长田中华的工作，田中华宣布起义。安天寿还发展了邹冠英、邵思惠、邵思尊、张观海、李增泉、樊绍周、严执中、张承瑛、田景英、田景贵、张承智、张承俊、田正家、刘承照、张翔智、樊正富等人加入游击队。

经过几个月的工作，游击队员发展到近200人，队伍初具规模。

1948年9月，中共思南地区总支委员会在尧民农村学校宣告思南游击队正式成立，朱开阳任队长，朱亚任政委，朱俊任副队长，安熹任副政委，肖思平任参谋，黎盛尧任供给。按照不脱产的原则，各自分散开展斗争。由于队伍活动面仅限于塘头地区，而且没有正规武装，中共思南地区总支委员会依势向党员和积极分子提出，要努力团结一切可以团结的力量，分化瓦解地方武装势力，筹集枪支，装备队伍。在此形势下，邵冠群利用他与区长张锡忠的关系，多次做工作，争取了张锡忠；安熹说服了思穆乡乡长杨秀毓率部加入游击队。

1948年9月上旬，中共思南地区总支委员会在塘头朱家坨正式宣布成立思南游击支队，支队长仍为朱开阳，朱亚任政委，朱俊任副支队，安熹任副政委，肖思平任参谋，黎盛尧任供给。

1949年7月，由于游击队伍的扩大，思南游击武装的建制需要重新调整，经中共思南地区总支委员会研究决定，邵冠群任支队长，朱亚兼政委，肖思平任副支队长，安熹任副政委，安天寿任参谋。支队辖四个大队，第一大队队长朱俊，第二大队队长白朝珍（后叛变），第三大队队长刘仁禧，第四大队队长朱开阳。同时，中共思南地区总支委员会决定，邵冠群、安熹分别与印江和石阡的陈正举、成钟琳直接联系。邵冠群到印江解决了陈正举的组织关系，并要求陈正举与杨胜初共同组建游击队。10月，陈正举、杨胜初联系了陈和衷、邓万钦、陈明达等人在杨胜初家召开会议，成立了游击队，由陈正举负责政治思想教育，杨胜初、陈和衷负责策划武装斗争。会后，大家积极开展活动，发展了一批青壮年参加游击队。此时，两县游击队发展很快，已有400多人和200余支枪，活动范围已扩展到乌江两岸。

（三）完成使命

1950年1月22日，中国人民解放军五兵团西进干部支队四大队二中队在政委沈廷梅的带领下进驻思南。1月28日，中共铜仁地委组织部部长吴鸣歧到思南，宣布中共贵州省委1月22日作出的决定：成立中共思南县委员会，沈廷梅任县委书记，朱亚任副书记，刘庆超任秘书室主任，丁明传任新民主主义青年团思南县工作委员会副书记，沈廷梅兼任县妇女联合会筹委会主任；县委设立社会部，对外称公安局，县委机关设在万寿宫。

1950年2月1日，思南县人民政府正式成立，贵州省人民政府电令先仲虞任思南县人民政府县长。思南县人民政府下设秘书科、民政科、工商科、建设科、财政科、文教科、公安局、税务局和粮食局。安熹任秘书科科长，张楚材任副科长；齐振邦任民政科科长；高勤斋任工商科科长，肖思平任副科长；邵冠群任建设科科长，张著奎任副科长；刘鸿山任财政科科长；郭屏周任文教科科长；张兴鲁任公安局局长；谭刚任人民银行县支行军代表；张金庆任思南贸易组经理。

中共思南县委、思南县人民政府成立，标志着中共思南地下组织和县武装工作团完成了光荣的历史使命，思南从此进入社会主义革命和建设时期。

 下课了，晒一晒你学的知识吧！

1. 思考一下：思南有哪些革命代表人物？
2. 阅读下列材料：

熊大瀛：1917年5月15日出生在贵州省思南县城一个小康之家。他6岁入私塾，10岁进小学，17岁毕业于贵州省立七中，继而就读于贵阳师范学院。1938年初，他于贵阳师院毕业后回到思南。6月，被批准加入共产党，参与筹建了思南地下党。熊大瀛的工作热情和才能得到党和人民的高度认可。在此期间，抗日救亡运动蓬勃发展，因工作需要，1940年省工委决定调肖次瞻到贵阳工作，熊大瀛继任县委书记，那时他才23岁。思南的革命斗争引起了敌人的注意,1940年7月熊大瀛和县委委员李宗泽、商学礼三位同志被捕。他在狱中坚贞不屈、继续斗争。1941年壮烈牺牲,年仅24岁。

结合材料思考:熊大瀛的事迹给了我们什么样的启示?

第二节 德 江

德江枫香溪会议会址陈列馆位于德江县枫香溪镇。其主址为红三军军部旧址，位于德江县枫香溪镇枫香溪村洞青组。会址涵盖枫香溪红三军政治部旧址、红七师旧址、红九师旧址、参谋部旧址、保密局旧址、红军医院旧址、枫香溪会议纪念碑，均分布在以红三军军部旧址为中心的周围8公里范围内。1982年，枫香溪会议会址（包括纪念碑）被列为省级文物保护单位，2006年被列为全国重点文物保护单位，被贵州省委省政府列为爱国主义教育基地。

一、枫香溪会议

"野鸡有个山头，白鹤有个滩头，一支红军没有根据地怎么行？"红三军军长贺龙如是说。

1932年秋，红三军退出洪湖根据地后，不得不转战湘鄂川边。1934年5月10日，贺龙率部队主动放弃易攻难守的彭水县城，西渡乌江向黔东迈进。6月19日，抵达沿河县枫香溪（今属德江县）。当日，中共湘鄂西中央分局召开会议，贺龙、夏曦、关向应到会，卢冬生列席会议，史称"枫香溪会议"。会议决定：一、建立黔东革命根据地；二、恢复红三军的党、团组织和政治机关；三、组织干部大队深入各地发动群众，组织苏维埃政府和游击队。当晚，贺龙在黔阳宫主持召开团以上干部会议，关向应传达了分局会议精神，对三项决定作了具体的工作布置。

🔺 图3-17 枫香溪会议纪念碑

枫香溪会议后,红三军创办了干部大队(即红军干部学校),开始规模性培训干部,并从军师直属机关抽调100多名干部分赴各地发动群众。

经过1个多月的努力,各地苏维埃政权、游击队纷纷建立,到7月中旬,包括沿河、德江、印江、松桃、酉阳、秀山等县,创建了纵横200余里、10万余人口的黔东革命根据地。

枫香溪会议是中共湘鄂西中央分局和红三军历史上一次极其重要的会议,在极端困难的条件下,挽救了红三军,孕育了中国工农红军三大主力之一的红二方面军,对巩固发展湘鄂川黔边区的革命根据地以及策应中央红军长征的胜利转移和遵义会议的胜利召开起了至关重要的作用。

1. 基本信息

黔东特区革命委员会、枫香溪会议会址位于德江县枫香溪镇枫溪村洞青组,又为红三军驻址。主房建筑为木质结构,通面阔22米,通径深8米,院落长22米,宽6.8米,为二进四合院,穿斗式构建,为典型土家风格建筑。

▲ 图3-18　枫香溪会议会址

1934年红三军转战至枫香溪，6月19日在此召开历史上著名的"枫香溪会议"，全称"中共湘鄂西中央分局会议"。此次会议是红三军发展史上的重要转折点，会议决定建立黔东特区，恢复红三军各级党组织及其政治机构。

2. 历史沿革

1934年5月10日，红三军在贺龙、关向应等的率领下，突破敌人的重重"围剿"，从彭水西渡乌江，向敌人统治力量薄弱的黔东进发，6月1日，占领沿河县城。随后，经沿河县的晓景，东出重庆酉阳（时属四川）南腰界，再南下贵州印江县境的刀坝，经合水坡、胡家坝、红花园到达沙子坡。16日，红三军在沙子坡召开了以"神兵"为主体的群众大会，发布了《中华苏维埃共和国湘鄂川黔革命军事委员会致贵州印江、德江、务川、沿河各县诸同志书》。19日，红三军到达德江、沿河、印江三县交界处的枫香溪。从湘鄂西一路转战贵州的红三军，此时战士疲劳、给养困难，广大指战员对"左"倾错误所造成的状况强烈不满，迫切希望建立根据地。1934年6月19日下午，中共湘鄂西中央分局在枫香溪召开中共湘鄂西中央分局会议。夏曦、贺龙、关向应等参加了会议。会议根据"群众的斗争与情绪""敌情的薄弱",决定发展苏维埃运动,决定调集一批干部把军委会的机关建立起来,即刻成立军委会的宣传队。当晚,中央分局召开了团以上干部会议,关向应传达了会议的精神,决定建立黔东特区革命根据地;在红三军中恢复党团组织和政治机关,重新登记党员;抽调部分红军干部组成干部大队,深入基层发动群众,建立地方苏维埃政权,进行土地革命。在干部会议上,贺龙、关向应、卢冬生等对分局书记夏曦执行"左"倾冒险主义造成的严重后果进行了初步批判,对夏曦同志也进行了耐心的帮助。这次会议提出了红三军面临的主要问题,得到了广大指战员的拥护和支持。

枫香溪会议是湘鄂西中央分局和红三军历史上一次极其重要的会议,在极端困难的条件下挽救了红三军,是红三军从挫折走向胜利的转折点,为红三军的发展揭开了新的一页。红三军"左"倾错误路线开始得到逐步纠正,进入创建黔东革命根据地的新时期,黔东地区也迎来了革命的曙光,开始了翻天覆地的变化。黔东根据地的建立,使部队及时得到了休整和补充,同时也为红二、红六军团的木黄会师奠定了基础。后来,贺龙在回忆创

图3-19 德江枫香溪会议旧址

造黔东苏区时指出:"如果没有这块根据地,六军团没有目标可找,也收不到部队,结果是不可想象的。"

为了保护革命遗迹,德江县委和县政府将枫香溪会议会址公布为县级文物保护单位,竖立了保护标志。1980年在会址的北侧山上建造了石质纪念碑。会址和纪念碑于1982年被公布为省级文物保护单位。2006年,会址、军部、政治部等九处红军旧址被国务院公布为全国重点文物保护单位。

3. 相关报道

德江红色文化——枫香溪会议

这里是神圣的土地,有一首壮丽的史诗,贯穿着激情、热烈、慷慨、英勇、牺牲、忍耐的主旋律,令人激动、感动、怀念。

1934年6月,中国工农红军红二军团(1931年缩编为红三军)在贺龙、夏曦、关向应的率领下,转战枫香溪,召开了具有历史意义的"中共中央湘鄂西分局会议",史称"枫香溪会议",建立了贵州大地的第一块根据地——黔东革命根据地,开展了土地革命和武装斗争,有力地策应了中央红军的战略转移和其他根据地的斗争,孕育了中国工农红军三大主力之一的红二方面军。枫香溪各族人民前赴后继,为中国革命的胜利作出了重要贡献。

1934年6月19日,红三军到达德江、沿河、印江三县交界处的枫香溪。枫香溪会议上,贺龙根据黔东人民高昂的斗志和各地军阀纷争不统一的局面,提出建立黔东革命根据地的主张。

枫香溪会议的历史意义在于:一是决定建立黔东革命根据地,使红三军有了一个安稳的环境进行休整;二是停止"肃反",从而减少了同志间的嫌疑猜忌,增进了相互间的信任感,扭转了人人自危的局面,基本结束了"左"倾错误路线的干扰;

三是恢复了部队党团组织与各级政治机关,重新登记党、团员并发展了一批新党员。

枫香溪会议是中共湘鄂西中央分局一次重要的会议,会议作出建立黔东革命根据地的重要决策,给红三军的发展指明了方

▲ 图3-20 枫香溪贺龙住处

向,成为红三军从挫折走向胜利的起点。从此,红三军进入了创建黔东革命根据地的发展时期。

(文章摘编自:2014中国德江首届乌江石文化节·德江本土文化)

德江枫香溪会议会址

枫香溪会议会址所处的德江县地处长江中上游的乌江流域、大娄山与武陵山两大板块的交接处,乌江南北纵贯其境,属亚热带季风湿润性气候,气候温和,降雨丰富,风景秀丽,自然山水雄奇、人文底蕴深厚,是著名的傩戏之乡、天麻之乡、乌江奇石之乡、革命老区。

枫香溪会议会址陈列馆位于德江县枫香溪镇枫香溪村"枫香溪会议会址"内。1934年6月19日,贺龙、夏曦、关向应等率领红三军来到枫香溪,当日召开了中共湘鄂西中央分局会议,史称"枫香溪会议"。会议决定,在印江、沿河建立苏维埃政权、发展地方武装,创建黔东革命根据地。会后,革命斗争形势如火如荼、蓬勃发展。在枫香溪会议的正确路线指导下,红三军成功创建了黔东革命根据地,对与红六军团胜利会师和巩固发展湘鄂川黔边区革命根据地以及策应中央红军长征和遵义会议的胜利召开

▲ 图3-21　枫香溪会议会址

起到了至关重要的作用。

1980年德江县委、县政府在枫香溪修建了枫香溪会议纪念碑。1993年在会址内举办陈列展,有展室面积300余平方米,主要陈列红军在德江的革命历史。全国人大常委会副委员长廖汉生题写馆名。会址院墙上,当年红军的数幅标语至今仍清晰可见。2006年,会址、军部、政治部等九处红军活动旧址被公布为全国重点文物保护单位。

(文章摘编自:梵净山旅游网)

讲好德江故事　红三军在黔东及红二、红六军团会师黔东

1934年,贺龙率领红三军千里转战来到黔东。从此,黔东地区发生了巨大的变化。

贺龙在参与领导八一南昌起义后,在南撤广东途中,经周逸群、谭平山介绍加入中国共产党。1930年7月,贺龙率红四军到湖北公安县与周逸群、旷继勋率领的红六军会师,两军合编为中国工农红军第二军团,贺龙任总指挥,周逸群任政治委员,两军共一万余人,并建立了湘鄂西革命根据地。这是当时

中国共产党领导下的主要红军部队和根据地之一。10—12月，在错误思想影响下，红二军团离开了根据地，奉命渡江南征，配合红一、红三军团第二次攻打长沙。结果遭到优势敌人的阻击，战斗失利，不得不转入湘鄂边活动。1931年3月，红二军团在湖北长阳改编为红三军，贺龙任军长，关向应任政委。由于"左"倾路线的错误指导，红三军未能在湘鄂边站稳，被迫转移。1933年，贺龙率红三军进入川黔边境，当时，部队只剩下三千多人。1934年春，红三军在湘鄂川黔边开展游击，与敌人周旋。以刘湘为首的湘鄂川黔"会剿总指挥部"在川东调集部队准备合击红三军。红三军在贺龙、关向应等率领下，从彭水西渡乌江，向敌人统治力量薄弱的黔东进发。沿途消灭了地主武装，经务川、德江县泉口司，越过马纳河，占领思渠。是时，川敌恐红三军东渡乌江，重返酉阳、秀山，急调重兵于东岸防堵。然而红军却掉头向南，直趋沿河县城。红三军向黔东挺进，使贵州军阀慌了手脚，蒋在珍急调一个团据守沿河县城，企图阻挡红军入黔。5月31日，红三军进抵沿河城郊，采用两面包抄的战术向城外围粽子岭发动进攻。黔军一触即溃，红三军一举攻占了沿河县城乌江西岸，立即向东岸展开政治宣传攻势，敌士气瓦解，弃城向务川方向逃去。6月1日，红三军在群众的支持下用二十多只木船由西岸横渡乌江。东岸群众鸣放鞭炮、敲锣打鼓迎接红军进城。

红军进占沿河后，纪律严明，深受群众拥护。当时沿河县邮政局戴德初在给上司的报告中亦承认红军"纪律之佳，出人意料"。红军买卖公平，专擒军政税收人员及地方豪绅，对贫苦工农则以资赠，"人心归附，如水下倾"。为了继续寻找有利地区建立根据地，红三军于6月2日撤出沿河，向黔东深入，于19日到达枫香溪（今属德江县），这里地处川、黔、湘三省交界，是多民族杂居地区。

当时，敌在黔东的守备力量较弱，只有黔军一个团和川军一个营守沿河一带，黔军第二师柏辉章的两个团驻守铜仁，其中有两个连驻连口一线，其他地方多为民团驻守。当红三军进入黔东后，王家烈派廖怀忠师与蒋丕绪师去阻挡红军，让他们去与红三军拼消耗，自己的直属部队在后面督阵，并趁机强占他们的势力范围。黔军内部的派系斗争，为红三军在黔东的发展提供了可资利用的因素。根据以上情况，贺龙提出："我们再也不能这样走了。"并说，"野鸡有个山头，白鹤有个滩头，一支红军没有根据地怎么行？"于是，他与关向应就如何建立根据地，恢复党团组织及政治机关，如何提高军队的政治、军事素质，怎样争取收编群众武装"神兵"等问题交换了意见，并达成一致。6月19日，中共湘鄂西中央分局在枫香溪召开了会议。参加会议的有贺龙、夏曦、关向应等。会后，红三军召开了干部大会，关向应传达分局会议精神，全军振奋。接着，师团成立了党委会，并重新登记党团员，发展新党员。与此同时，红三军又组织了一支干部大队，分赴沿河、德江、印江、松桃、酉阳、秀山各县农村发动与组织群众，开展土地革命，建立各种群众组织和各级苏维埃政权，一场轰轰烈烈的革命运动在黔东地区开展起来。经过一个多月的组织发动，各地建立部分区、乡苏维埃政权，黔东苏区初步形成。7月21日，在沿河县铅厂坝张家祠堂召开了黔东特区第一次工农兵苏维埃代表大会，宣布黔东特区革命委员会成立。

特区成立后，立即发动群众，组织工农武装，先后建立了沿河、黔东、印江、德江、川黔边五个独立团共2000余人的武装。各地组织了30多支大小不一的区、乡游击队，共约4000人。与此同时，红三军还着手改编"神兵"。"神兵"是20世纪

30年代初黔东穷苦群众自发组织的群众武装，每县的"神兵"团人数有多有少，多则几千，少则千余，立"神坛"，练"神兵"，口号是"灭兵、灭捐、灭税""抗粮、抗款"，教规为"四禁"，即禁烟、禁财、禁色和禁盗，提出"一打财主二打官"等，有事一呼百应，对军阀、官僚地主的剥削与压迫进行武装反抗。1933年1月，德江县"神兵"在龙桥洞打垮了地方军沈文斌部，毙伤百余人。以后该县"神兵"攻占县城，开仓济贫，分粮10余万斤，还拥立"神兵"县长。印江"神兵"两次攻打县城，搞得统治当局胆战心惊，调集重兵进行残酷镇压。红三军进入黔东后，为了把参加"神兵"的贫苦群众引向革命道路，1934年6月16日，红三军发布了《中华苏维埃共和国湘鄂川黔革命军事委员会致贵州印江、德江、务川、沿河各县神坛诸同志书》，阐明了红军对"神兵"的态度和政策，并对他们提出了争取自身解放的五条要求：工人组织工会，组织红军游击队和自卫队，组织革命委员会，对敌不妥协与不受招安，保护神坛和信教自由。这些主张得到广大"神兵"的拥护，各县"神兵"纷纷前来参加革命。于是，红三军改编"神兵"为黔东纵队，由黔东"神兵"团首领冉少波为纵队司令，下辖三个支队。后来，根据对敌斗争的需要，黔东纵队和各县独立团合编为红三军黔东独立师，贺炳炎任师长，冉少波任副师长。从此，这支由"神兵"改编的农民武装走上了革命道路。工农武装建立起来后，积极配合红军主力，在保卫苏区的战斗中作出了重要贡献。1934年8月中旬至9月初，沿河独立团配合红三军九师两次击退进入淇滩的黔军，歼敌两个营。8月24日，黔东纵队配合红三军九师在印江木黄击溃了黔军黎刚部。8月28日至9月中旬，黔东纵队配合红三军在西阳南腰界冉家祠堂围歼了反动团防头子冉瑞庭；接着，回师松桃甘龙，攻打麻阳县玛瑙洞，消灭了胡兴魁地方武装。

◉ 图3-22 《红军在黔东》一书

红三军在黔东的胜利和发展，使川黔湘三省军阀大为惊骇。9月间，王家烈调集十多个团的兵力，并联合川、湘两省军阀，对红三军进行"围剿"，同时，还对黔东特区实行经济封锁，层层设防，妄图把红色政权扼杀在摇篮之中。

为了粉碎敌人的"围剿"，中共湘鄂西中央分局、军委会和特区革命委员会采取了一系列有效措施，如收割白区地主的粮食，扩大苏区，发展红军，在土地湾、枫香溪等地吸收1000多人加入红军，并进行广泛的支前动员，严阵以待，准备粉碎敌人的"围剿"。红三军和苏区游击团、队，采取外线作战和"避实就虚"的战术，布疑阵，巧用兵，利用敌人内部矛盾，设法把敌人引入苏区，然后集中兵力，利用有利地形，将来犯之敌各个击破。黔军姜兴部为了抢夺"围剿"红军的头功，首先窜入德江张家湾、枫香溪苏区腹地，被红三军迎头痛击；敌杨昭焊部侵犯沿河谯家铺也遭到了惨败。黔敌进攻连续遭败，主力于印江附近龟缩不前。9月28日，红三军七师进入印江木黄地区，利用敌人怯战心理，由贺龙亲临前线指挥，命令独立团、游击队坚守阵地，拖住敌人，主力则抢涉木黄河，向黔军兵力薄弱的侧翼岩口坪发动猛攻，迅速占领了阵地。经过激战，大败黔军，取得了木黄战斗的胜利，缴获了一批军用物资。木黄战斗胜利后，红九师与沿河独立团乘胜向沿河守敌杨畅时部发起进攻。杨部仓皇应战，败退黑水被围歼。同时，湘军周卿旅一个团前往沿河、德江，在谯家铺被由夏曦和参谋长谷子标指挥的红军和游击队歼灭，只有敌团长等少数人逃跑。川军见红军锐不可当，为了保存实力，只死守防地，不敢应援。至此，黔东特区军民胜利地粉碎了川湘黔三省军阀的联合进犯，保卫了根据地，红三军自身也得到了锻炼和扩大。

当红三军在黔东开展革命斗争之时，红六军团也转战黔东。红六军团成立于1933年6月，活动于湘赣苏区。1934年4月后，红六军团在"左"倾路线指导下，以阵地战和"短促突击"来保卫苏区，伤亡惨重，被迫转移。7月，成立了以任弼时为主席，萧克、王震为委员的军政委员会，率部突围西征。其后，红六军团迂回经湘桂边，转战湘西南，于9月17日攻占湘桂黔三省交会处的通道县城，并继续西进，进入贵州清水江地区的少数民族聚居地。军团领导机关要求全军严格执行党的民族政策，不违纪、不扰民，博得了广大苗、侗同胞的信任和拥护，从而顺利地渡过清水江，越过抚水，准备继续北进，与活动在德江、印江、沿河一带的红三军会合。但这时敌已先期在抚水北岸设防，湘、桂、黔几路敌军也兼程赶至，对红六军团形成合围之势。红六军团为了摆脱被动态势，于10月1日撕破施秉、黄平间的黔军防线，袭占黄平（今旧州），经猴场向江口前进。7日，在石阡西南的甘溪与桂军遭遇，一部被隔断，军团主力被迫向东南转移。9日，红六军团主力又在施秉的大庆地区遭到狙击，又被敌截断一部。为了冲破敌人包围，10日，军团领导人计划将军团主力分成两路纵队，由王震率第十八师为一路，由任弼时、萧克率第十七师组成另一路，以游击战与敌周旋。10月中下旬，在甘溪、大庆被阻断的红六军团两部先后在沿河、印江与红三军会合。10月24日，红六军团的两路主力也在石阡以南冲破敌军封锁线，到达印江县的木黄和红三军会合。

两军会合后，红三军恢复了红二军团的番号。红二军团由贺龙任军团长、任弼时任政委、关向应任副政委，下辖两师四团，约4400人；红六军团由萧克任军团长、王震任政委，下辖3团，约3300人。红二军团总部兼任总指挥部，统一指挥两个军团的行动。此时中央红军已开始突围长征。为了策应中央红军的行动，红二、红六军团于1934年10月末进行战略转移，挺进湘西。

（文章、图片摘自：搜狐网"德江微文化"）

二、陶立功

1. 个人简介

陶立功，男，汉族，1919年生，贵州省铜仁市德江县人。

1933年7月，在贵州沿河县参加贺龙领导的红三军，被安排在团部当通信员。

1935年11月，红二、红六军团开始长征。部队沿途行军打仗、战斗减员和非战斗减员增多，陶立功在首长关怀下学习掌握了初步的医疗技术，为官兵服务。

1937年，随贺龙领导的八路军第一二〇师转战山西、绥远、河北等地，给日军以沉重打击。

1938年底，根据八路军卫生部的安排，赴河北省阜平县向诺尔曼·白求恩大夫学习。

1940年,来到延安,进入医科大学学习。

1945年,完成学业回到八路军第一二〇师,先后当手术队长、二分区卫生部长。

解放战争时期,任中国人民解放军西北野战军第八军卫生部长、绥蒙军区卫生部长。

1949年,转业到四川西康,后定居贵州,曾担任贵州省卫生厅副厅长、省科委副主任。

离休后,享受副省级待遇。荣获4枚勋章,享受副军级待遇。享受省长级医疗待遇。

因病医治无效,于2012年9月29日6时在贵阳逝世,享年94岁。

2. 老红军陶立功的故事

耄耋之年的老红军陶立功居住在贵阳市正新街上,身板还比较硬朗,每天都要锻炼一个小时,没有特殊情况雷打不动。陶老很有生活规律,因此我只好把访问安排在他中午睡觉起床之后的一个时间段。

陶老谈吐清晰,只是听力有所下降,跟他交谈需要放大

▲ 图3-23 陶立功

声量。

陶老是老红军,也是伤残军人,他的右腿有一条长长的伤疤,伤痕很深,以致大腿都变了形。陶老说,伤疤是1939年在河北韩庄打日本军队时留下的。当时他们的部队被日本军队包围,在突围时子弹打中他的右腿,血流如注。同时一枚炮弹落在阵地上,弹片穿进他的胸部,他被送进医院抢救,虽然保住了生命,但从此落下了残疾,至今胸部都还残存一块弹片。陶老说,不过比起牺牲的战友们来说又是很幸运的,能活到今天看到国家一天天强大已经很满足了。

陶老出生在贵州省德江县一个叫下朝溪的村寨,3岁的时候,父母、奶奶在一年内相继去世(爷爷就死得更早了)。他的上面有两个姐姐,一个哥哥,但都还不到10岁,日子过得不成样子,只能靠亲族的帮助艰难地生存下去。由于家境困苦,9岁的时候,陶立功被一个神父带到德江县城的天主堂里当扫地童子,以便混碗饭吃,还可以读些经书。在天主堂里待了近三年,陶立功目睹了一件令他至今都忘不了的事。神父有两个佣人,一个喂马的,一个照顾他生活的,照顾神父生活的这个人只有十五六岁,而喂马的这人三十多岁了,两个都是思南县人,有一天两人发生口角,喂马的动手殴打照顾神父生活的小孩子,打得口鼻出血,过了几天这个人就死了,没有人管,神父也没有追究马夫的责任,死了人就这样不了了之。这件事对他触动太大,至今都还清楚地记得死者的名字。他想,这个地方不是久留之地,一天,他和教堂里的周胜利商量着逃出了教堂。周胜利比他大几岁,也是给教堂干活的。

跑出教堂　当上小红军

跑出教堂两人就逃散了,陶立功被路过的一支部队的长官唤上，叫他帮着牵马，当勤务兵。部队走到沿河县城后，当官的嫌他没有把事情办好，在城里宿营的时候把13岁的陶立功捆在房柱子上不让睡觉。深夜，一个老太太发现他还是个孩子，就悄悄问他是哪里的，怎么被捆在了柱子上。陶立功一一说出了自己的身世。老太太得知他的遭遇后，冒着风险把他带到一处山洞里躲起来。天亮后，那支部队就开走了，陶立功松了口气，中午又来了一支部队，在街上喊着口号：我们是共产党领导的红军，是穷人的军队，不打人，不骂人，官兵平等，有饭吃，有衣穿……

13岁的陶立功听得很明白，虽然心有余悸，但还是走出了山洞，来到了大街上，部队里有人问他：小鬼是哪里人啊，想当兵吗，跟我们走不会饿肚皮的。陶立功见这些人穿得并不好，但和蔼可亲，对人特别关心，值得信任，就跟他们走了。后来他才知道这是贺龙领导的红三军。此时是1933年。

后来，红三军二十团和萧克领导的红六军团在印江县的木黄会师。红六军团是从井冈山过来的，部队当时很是疲惫，会师时他们每个人手里都杵着根棍子。

爬雪山时差点没了命

陶老说他是死过很多次的人，记得有一次在过贵州的鸭池河（乌江上游）时，水流湍急，时间很紧迫，船只、竹筏太少，部队一部分人不得不蹚水过河。他和战友牵着一匹马向河心走去，突然一个浪头打来，一个战友站立不稳，被波浪席卷而去。危险时刻他顺势抓住了马尾巴，翻腾了几下才被马儿带到浅水处。加之对岸有敌人狙击，只得强渡，因此死了不少人。他没有被子弹打中，也没有被河水卷走算是万幸。诸如这样的危险数不胜数。长征途中，他们的部队几乎都是晚上行军，白天休息，这样可以避免和敌人发生正面冲击。过金沙江、上夹金山死了不少人，很多人被活活冻死饿死。他自己也休克多次，被抢救了回来。在爬雪山时，有一次前面突然发生大雪陷塌，他牵的战马来不及收蹄，一下子落进雪坑里，他急忙抓住马尾巴，本能地想拉住战马，不料自己也差点栽进了雪坑……

陶老说，他们爬雪山过草地时准备了"四皮"：皮草鞋、皮带子、皮斗篷、皮褥子，这四皮既可以作行军用，又可以当作粮食吃，可是还没有走出绝境"干粮"就没了。当时红四方面军走在前面，他们吃的是青稞，但由于不好消化，拉出来的粪便里青稞虽然已经变黑，但没有完全烂掉。后面的他们实在没吃的，饿得不行了，只好把粪便里的青稞用水清洗后再煮着吃下。有一个排，几天没有进食了，突然碰到一片草，长着大片大片的叶子，大家就摘下来煮了吃，结果一个排的人全部中毒死亡。后来才明白这是毒草，不能食用。

陶立功从13岁走上革命道路，15岁参加长征，抗日战争中身负重伤，解放战争时期，参加了解放华北、大西北、大西南的战争，荣获4枚勋章，享受副军级待遇。1956年回到贵州。

(摘编自《贵州都市报》2005-06-07：《老红军陶立功的故事》)

三、先仲虞

先仲虞生于1921年，德江县复兴镇明溪村人。1943年在贵阳高等工业学校就读，参加了进步学生运动。

1945年在重庆社会大学和乡建学院就读，参加了中共地下党的外围组织活动。

1947年，正值解放战争时期，先仲虞奉派与宋至平到德江县建立黔北

▲图3-24　先仲虞

工委。12月底，宋至平和先仲虞扮作生意人，从重庆徒步出发，于1948年1月到德江平原十字关，开展黔北工委斗争工作。在黔北工委成立后，宋至平主持日常工作，先仲虞任联络员，负责安排储备、保护外来干部和筹集经费。其间，先仲虞以话家常、谈理想、摆"龙门阵"的方式，向农民宣传共产党反对内战的主张，使广大农民特别是青年，迅速觉悟起来。成立了以农民为核心的"齐心会""同心会"，抗丁、抗粮，反对苛捐杂税，灵活机动地与国民党的乡、保势力开展斗争。

1948年初，黔北工委决定在德江中学和平原等地开展学生运动，建立地下党的外围组织"民主青年同盟"。

1949年11月17日，黔东北游击队与中国人民解放军第二野战军第三兵团第十军先头部队三十师在煎茶会师。21日召开东华溪会议。先仲虞、刘学礼汇报了党在黔东北地区的工作和黔东北游击队活动和斗争情况。会议确定，将黔东北地区的游击武装力量，改编为"中国人民解放军黔东北纵队"，先仲虞任司令员。

1949年后，先仲虞曾任思南县人民政府首任县长、思南中学校长、中国体育报社政治处主任、人民体育出版社总编室副主任等职，并于1990年10月离休。

四、德江洞佛寺剿匪记——桑金秋回忆活捉匪首曾广爱

桑金秋是中国人民解放军原第二野战军第五兵团第十六军四十六师一三八团三营副营长，后任十六军副参谋长。在1991年7月1日，桑金秋一行风尘仆仆来德江，瞻仰缅怀中华人民共和国成立初期在德江、思南一代剿匪牺牲的英烈。

德江洞佛寺位于高山乡洞佛寺村，1949年国民党行将失败之际，以曾广爱为首的200余名惯匪四处抢劫，为害乡里。1950年

3月，中国人民解放军第十六军一三八团二营营长许纯孝来县帮助建改工作，决定清剿曾匪。

据副营长桑金秋回忆：1950年2月中旬，我们营的七连、九连和机枪连的一部分进驻德江。一到德江就得知匪首曾广爱十分猖獗，对人民危害很大，对新建立的人民政府威胁极大，我们决定消灭他。

为了摸清匪情，我们派出两个战士装扮成妇女进行侦查，摸清曾匪的情况。经营部研究，根据曾匪轻视县大队的心态，由我带领换上了县大队服装的九连及县大队的同志，显出漫不经心的样子朝着距洞佛寺二三十里远的长丰区黄家堡开去。不出预料，骄横愚蠢的土匪以为是县大队来了，第二天就急急忙忙跑来，我们没有主动出击，目的是把土匪吸引到我们火力圈内来，这群乌合之众很快败逃，当晚全部逃回了老窝——洞佛寺。第二天天刚亮时，我们的先头部队就赶到了洞佛寺。起初发现山冈上有土匪哨兵在活动，后来很快不见了，我们感到很诡异，洞佛寺这个洞很奇特，在山顶"盆地"的崖壁上，四周

图3-25 德江高山洞佛寺烈士陵园

长满了丛林杂草,初来乍到的人根本看不出有什么洞。我们的几位战士灭匪心切,在向导指引下,顺着小路居然摸到了洞口,在卡门前,战士杨文成中弹牺牲,其他人无法继续前进,只好退回。主力部分陆续赶到,我们的火力主要集中在洞口对面的山头上,经过一阵炮弹射击,洞口的岗哨被炸掉,我带着一个班冲到上洞洞口,在一道墙前停了下来,土匪突然向外猛烈射击,站在我右边的班长何旦志倒下了,由于我们冲到了洞口,对面山头的我军火力无法施展,我带着其余战士返回,此后,只在山头上进行远距离射击。晚上在四周的山头上都燃起了篝火,加强了岗哨,防止土匪逃跑。翌日,用火力封锁洞口,用火箭炮摧毁了洞的木房、石墙,洞口完全暴露,我们向土匪喊话,交代解放军的政策,这样又包围了一天一夜,营党委召开了战地会议,集思广益,研究了破洞的作战方案。发动总攻的拂晓,发现洞口小路情况反常,有一条粗大的绳子垂吊在洞口的右下方,我们估计土匪可能会狗急跳墙,在强大的火力掩护下,部队再一次发起冲锋,又一次占领了上洞,洞内的土匪经过数日的围困已乱了阵脚,十分恐慌。经过火烧、烟熏、手榴弹等轰击,通向中洞的通道已经被打通,土匪投降了,在清点中发现土匪头子曾广爱不见了。通过搜查,在洞口斜对面的一个小洞里发现了他,但他持枪顽抗不肯出来,我们先是交代了缴枪不杀的政策,否则,就要用手榴弹把他炸死在里面,最后迫使他投降出洞了。当天我们押着曾广爱回到县城,沿途人民无不欢欣鼓舞、夹道欢迎,洞佛寺匪徒被彻底清除。

  在这场战斗中,副排长李光荣,班长杨光武、何旦志,战士杨文成献出了生命。1984年中共德江县委、德江县人民政府在洞佛寺口岸壁上勒石铭记,以垂千古。1985年12月,县政府公布其为县级文物保护单位。

枫香溪红色姊妹团

"我们勇敢，我们奋斗，我们团结，我们前进，杀向那帝国主义反动派的大本营，最后胜利一定属于我们工农兵。"曾经响彻黔东苏区的革命歌谣《工农兵联合起来》是巾帼英雄"枫香溪红色姊妹团"的保留节目，深受苏区军民的欢迎。

这个团是红军宣传队在培训期间，从组织的枫香溪识字班中抽调一些思想比较进步、革命热情高的女青年组成的，从几人发展到30多人。她们一边学习文化、卫生护理知识，一边开展宣传、优抚慰问和护理红军伤病员以及发动妇女支前的工作。她们在红军宣传队的指导与传授下，排练出很多节目，包括歌曲、花灯、舞蹈、小剧、金钱杆、快板等数十种，有红军教唱的洪湖、湘鄂西的革命歌曲，其余大多则是自编自演的。她们前后共演出40多场，发动妇女做军鞋10000多双，荣获奖旗13面、奖状14张。在红军和当地苏维埃政府的领导下，姊妹团为黔东受苦受难的妇女群众解放和扩红、建政、拥军、优抚等方面做了大量工作，是黔东妇女革命运动的杰出代表。

 下课了，晒一晒你学的知识吧！

1. 谈谈枫香溪会议的重要性。
2. 选择陶立功或者先仲虞的事迹，谈谈你的学习感想。

第三节 印 江

1934年10月24日，贺龙、夏曦、关向应领导的红三军与任弼时、萧克、王震率领的红六军团在印江县木黄镇胜利会师。党中央特致电祝贺，并决定红三军恢复红二军团的番号。10月28日，红二、红六军团主力向湘西挺进，后开辟创立湘鄂川黔革命根据地（亦称"湘鄂川黔新苏区"），有力地策应了中央红军长征。长征途中，红二、红六军团受命正式组建红二方面军，成为中国工农红军三大主力之一，在人民军队征战史上谱写了新的篇章。

故事篇

一、红军在印江

1. 红三军两战木黄

木黄，位于印江东陲，与松桃、江口、秀山县接壤，战略地位较为重要。1934年8月下旬和9月下旬，红三军曾先后与黔敌黎刚、李成章两部战于木黄，粉碎了敌人的"围剿"，提高了士气，安定了人心，巩固和发展了黔东革命根据地。

▲ 图3-26　20世纪70年代木黄镇全景

△ 图3-27　现在的木黄镇全景

一战木黄——红军巧杀"回马枪"

1934年8月22日，红九师一部经松桃火烧桥，前往木黄打给养。次日，到达地茶坝。在此之前，黔敌副师长黎刚率领一个团也于22日从梵净山窜到木黄。黎刚一到木黄，便限令伪区长杨子江筹集军饷。黎得知红九师抵达地茶坝的消息后，仗着人多武器好，亟欲找红三军主力决战。24日，黎部倾巢出动，向地茶坝进发。红军为"诱敌深入"，仅布置少量兵力在冲子湾前沿阵地阻击。交战不久，红九师佯装"一触即溃"，主力速向松桃红石板撤退。黎即挥兵"乘胜追击"，红九师再退往岩柯坝。于是，黎

△ 图3-28　红三军首战木黄——地茶坝战场旧貌

刚便大摇大摆地以"胜利之师"的姿态回驻木黄。

木黄伪区长杨子江闻讯大喜,强令老百姓敲锣打鼓,鸣放鞭炮,欢迎黎师长"凯旋"。黎刚得意洋洋、神气十足。杨子江等士绅恭维不迭,当晚大摆筵席为黎"庆功""洗尘"。匪徒们划拳打牌,行令喝酒,直闹到半夜三更,一个个才醉醺醺睡去,连岗哨都很少布置。

红军在岩柯坝稍事休息,趁着月色,神不知鬼不觉地连夜返回地茶坝一带隐蔽起来,并严密封锁消息。第二天拂晓,红九师与黔东纵队兵分三路,直指木黄。一路从帅家坡到奔肚土,然后下岩口坪抢占干田嘴、燕子岩,堵住敌人向乌罗、金厂方向的退路;一路从石槽水到大湾坡,下昔阳坝,以防敌人向新场方向逃跑;一路则直奔木黄,对黎部形成夹击之势。

25日正逢赶场,红军先头部队混同赶场的人群进入木黄,当时大部分敌人还在睡觉。枪声一响,街上顿时惊乱起来,敌人从梦中惊醒,慌忙起床,有的连枪都没顾得上拿,急忙向老寨、梵净山方向逃命。一些不明真相的群众也跟着逃跑,红军为了保护群众的安全,只好一面朝天放枪,一面向群众喊话:"老乡们,不要乱跑。"追至老寨,群众和敌兵基本上分离开了,红军才有目的地向敌射击。这一来,敌人更加慌乱,有的想渡河逃命,不料从关千岩包抄上来的一路红军恰好赶到,追至洞沟坡,俘获了敌第三营营长及士兵百余人,毙敌80余人,缴枪150余支。黎刚几乎丢了命,他的皮大衣也被红军缴获。木黄伪区长杨子江被擒。这一仗,打得黎刚丢盔弃甲,狼狈不堪,再也不敢和红军正面接触了。

二战木黄——岩口坪"突围"破敌军

黔东革命根据地的迅速发展,敌军的连续失败,使贵州军阀王家烈大为震惊。1934年9月,他调集重兵,对黔东革命根据地进行更大规模的"围剿"。黔敌廖怀忠部移驻松桃,杨畅时部集结于乌江西岸,李成章部从思南向德江、印江一线进攻,柏辉章部驻铜仁一带。此外川敌达凤岗旅于9月下旬进占沿河县城,湘敌周燮卿旅又向沿河晓景逼近。红三军处于北有川军、东有湘军、西南有黔军的三面包围之中,形势十分危急。敌人企图与红三军主力决战,把红三军消灭或挤出黔东。

图3-29 红军使用的火枪

进攻黔东革命根据地的主力是王家烈的嫡系李成章部。早在9月上旬,杨昭卓旅及周相魁、戴玉堂等团分别进占黔东革命根据地重镇谯家铺、来安营、刀坝等地。杂牌军姜兴尧部也窜入枫香溪、张家湾一带。地方反动势力也乘势嚣张。沿河、印江等地的"军民联合剿共委员会""剿匪后援分会"等反共组织迫不及待地向敌军政要员发出"快邮代电","恳颁明令,不分地域,协同积极进剿"。一时间,黔东大地,重兵云集,剑拔弩张。

印江属于黔东革命根据地的主要区域之一,自然也成了敌人重点"进剿"之地,9月上旬,王家烈嫡系旅长杨昭卓率部抵印江。黔东北"八县民众联合剿共指挥部"总指挥陈廉矩(思南人)亲自赴印江督促。

◭ 图3-30 红军使用的子弹、铁刀

面对着敌人气势汹汹的进攻,黔东革命根据地军民全力以赴投入反"围剿"的战斗。为了动员广大群众支持革命战争,9月下旬召开了黔东革命根据地各区乡苏维埃联席会议,作出了《关于争取革命战争胜利的决议》,向根据地人民群众发出了争取革命战争胜利的动员令。

在敌人强大攻势面前,红三军采取了外线作战和"避实就虚"的方针,先是集中兵力,分别在枫香溪、谯家铺、来安营、刀坝等地,迎头痛击进犯之敌,挫伤敌人的锐气,然后迂回作

◭ 图3-31 红三军二战木黄——昔阳坝战场旧貌

战，寻机歼敌。9月27日，红七师及黔东纵队进入木黄一带活动，不料被黔敌李成章部发觉。李以数倍于我军的兵力进行包围，敌人拼命抢占了木黄东侧的老寨，企图堵住红军往梵净山方向撤退的道路。一部分敌人和地方反动武装也火速向木黄西侧的地茶坝推进，抢占岩口坪高地。对红军形成夹击之势，妄图把红三军"围歼"于木黄。

△ 图3-32　红军使用的水瓢、茶壶、马灯

木黄处于丛山峡谷之中，易攻难守，部队难以铺开，地形对红军十分不利，再加上敌人猝然逼近，很多战士连早饭还未吃上，形势十分危急。贺龙军长当机立断，命令黔东纵队和黔东、川黔边等独立团接替红七师主力坚守昔阳坝阵地，死死拖住从合水方向而来的援敌和向地茶坝推进的敌人。约莫吃早饭时间，昔阳坝的战斗打响了，战况异常激烈，敌人误认为红三军主力已被包围，全力向昔阳坝增援。这正中贺龙的妙计，他指挥红七师主力抢涉木黄河，向敌人侧翼兵力薄弱的岩口坪发起猛攻，以便强行突破，迅速跳出敌人的包围圈。岩口坪位于将军山的中部，两边是悬崖绝壁，只有中间凹进部分有一条盘旋而上的羊肠小道，约有500米长，再加上山脚木黄河作为天然屏障，确是"一夫当关，万夫莫开"的天险。岩口坪关隘更

是易守难攻，红七师冒着密集的弹雨，奋力强攻，但由于敌人占据了有利地形，红七师前几次强攻都未成功，死伤的战士不断增多。面临前有难关险隘，后有河流、追兵的境地，背水作战对红军十分不利，贺龙冷静沉着，他亲临前线观察地形，并组织了一个精悍的"尖刀连"再次进攻。"尖刀连"的勇士们前赴后继，节节前进，终于攀上悬岩，击溃守敌，夺取了岩口坪关隘。敌人急忙奔袭岩口坪，妄图以优势兵力夺回岩口坪阵地，把红七师压倒在木黄河谷。红七师遂与敌人展开争夺战，越过岩口坪，占领了将军山高地，旋即向岩口坪和地茶坝一带的敌人发起反攻，消灭了大量敌人，缴获了一批军用物资，取得了二战木黄的胜利，粉碎了黔敌李成章部妄图以优势兵力"围歼"红三军的阴谋。

红三军取得胜利后，继续按照"避实就虚"的战术，当天晚上由地茶坝翻过红石板，到达岩柯坝，然后又经松桃火烧桥、甘龙口，到达西阳县的南腰界进行休整。

这次战斗，是黔东革命根据地反"围剿"斗争时期规模较大且力量悬殊的一次战斗。红三军正规主力只有红七师1000多人，而敌人则是王家烈的嫡系劲旅，作战时间长达10个小时。经此一战，黔敌精心策划的"围剿"红三军的计划宣告彻底破产。

知识卡片

红三军进入印江时的组织序列如下：

中共湘鄂西中央分局书记、中华苏维埃共和国湘鄂川黔革命军事委员会主席——夏曦

红三军军长——贺龙

红三军政委——关向应

红三军参谋长——汤福林

> 红六军团西征时的组织序列如下:
> 红六军团军政委员会主席——任弼时
> 红六军军团长——萧克
> 红六军团政委——王震
> 红六军团参谋长——李达
> 红六军团政治部主任——张子意

2. 印江的"神兵"运动
(1) 印江"神坛"的兴起

印江神坛主要分布在六井溪。六井溪是县西北面的一个高山地区，与沿河、德江县毗邻，山势绵亘数十里，山多田少，收成微薄。1949年以前，农民大多缺吃少穿，一遇灾害，便纷纷四处逃荒。加之当时军阀混战，兵连祸结，烽火不断，抓兵派款，天无宁日，印江人民处于水深火热之中。

1933年，印江大旱，沙子坡集市上米价曾卖到一块光洋一升（合9斤），真是"米珠薪桂"。六井山中，不少农户颗粒无收，而县、区催粮逼款的差役仍然三天两头登门上户敲诈勒索，还要招待酒饭。当地农民怕他们如怕活阎王一般，年轻力壮的农民都奔往他乡另找生路。这时从外面传来了"神兵"的消息，以反对政府、军队的苛捐杂税为目的，提出"三灭"（灭兵、灭捐、灭税）的口号，求得共同过太平日子。

印江最先建立"神坛"的是中六井溪的天池坪，时间在1933年初。其创始者是印江天池李天保。神坛即立，男女老少，纷纷加入。

继天池坪神坛之后，六井溪的村寨纷纷邀请他们前去传道设坛。于是，各地先后设立了神坛，这些地方成了"神兵"的天下。天池坪神坛"佛主"李天保成了印江各神坛的始祖，具有相当高的威望。此外，宁家坪"佛主"宁国学，由于生性耿直，办事能力强，也具有一定的号召力。李、宁2人均为印江神坛中较有影响力的领导人物。

到了1934年初，印江神坛进入"全盛时期"，拥有"神兵"四五千人，特别在西区、北区，其影响举足轻重。各地神坛，都带着浓厚的封建迷信色彩。其组织形式大体相同，公推出一个"佛主"之后，下面即遍设"神将"，冠以"文武观音""吕洞宾""何仙姑""穆桂英""杨氏七郎""七姐妹""搜山虎"等称号。练功练符的男女"神兵"，不准同房，要求斋戒沐浴，虔诚礼拜。男女"神兵"都制备了打仗用的家什，男的佩符、耍刀、舞叉，若遇出阵就喝神水；女的佩符、挂镜、执剪刀、茅草。"佛主"是神坛内的最高权威，一切事宜概由"佛主"做主，说一不二。神坛不分男女老少，统统接收。入坛者，有农民，有手工业者，有小商小贩，有下台的官吏，有地方豪绅，有失意的旧军官……其组织成分复杂。

然而，"神兵"的主体是广大穷苦农民，国民党的苛政逼迫他们揭竿而起，在"灭兵、灭捐、灭税"的战斗口号鼓舞下，以神坛为组织形式，展开了轰轰烈烈的武装斗争。为了严肃纪律，神坛还制定了"四禁"：禁烟、禁酒、禁色、禁盗。入坛者须在佛坛前下跪起誓："不贪色、不贪利，如若贪色贪利，香头落地，人头落地。"印江宁家坪神坛，包括宁家坪、蒋家寨、卢塘头等几个寨子，入坛者三四百人，占当时总人口的70%以上。加入神坛的农民，白天从农，晚上练武，一遇敌情，鸣锣集合，聚众出击。"地方大事，概由神去做主，生杀定夺，悉听'佛主'。"于是，各地神坛，酷似地方权力机关，俨若"政府"。而国民党的地方官吏——乡长、镇长、保董、邻长，则权威尽失，自行解体。

1934年6月16日发布的《中华苏维埃共和国湘鄂川黔革命军事委员会致贵州印江、德江、务川、沿河各县神坛诸同志书》明确指出："我们相信神坛内的同志，必能接受我们的意见。因为大多数都是农民……"这是最具权威性的证明:"神兵"的主体是农民,"神兵"组织具有广泛的群众性。

(2) "神兵"的浴血斗争

各地"神兵"蜂拥而起,反动当局惊恐万状,斥之为"神匪"。地方官吏仓皇呈报云:"'神匪'发生,打倒乡间、反抗政府,地方糜烂,秩序荡然。"国民党当局,始则派出区、乡民团弹压,继则调遣各县驻军进击,后则动用正规军队"围剿"。面对地方团练和军队的洋枪洋炮,"神兵"不畏强暴,凭借着大刀、梭镖、火枪等原始武器,奋不顾身,越战越勇,多次击败敌人,攻城宰吏,开仓济贫,威名大震。

印江"神兵"与地方民团、军阀部队前后作战10余次。第一次较大规模的武装活动是1933年底在何家青宅坝与黔军廖怀忠部打仗,整个六井溪流域的"神兵"以及沙子坡的"神兵"都出动了。"神兵"打仗十分英勇,蒋家寨的蒋香林用马刀一连砍死两个"官军",最后刀把断了,他自己壮烈牺牲。这次战斗"神兵"死亡20多人。

印江"神兵"的反抗斗争,以1933年底、1934年初的两次攻打印江县城为其高潮。

1933年腊月上旬,六井溪神坛开始撵官,先撵当地的官差。凡是催粮的、逼税的、办案的官差,"神兵"统统限定其一个时辰内出境,然后再打县城。消息传出,一时满城风雨,俱言"神兵刀枪不入",人心惶惶,官绅束手无策。伪县长宦泽民忙去找驻军旅长周继尧商议,商定"撤"和"打"看情况,宦泽民回县署后紧急通知各科室停止办公,准备撤退,街上通夜人来人往,仿佛"神兵"顷刻即至。据县署派出的探子回报,六井溪"神兵"定于腊月十八破城,并张贴告示:"良民百姓不必惊,神兵只杀官差恶人。"腊月十六逢县城赶集,但赶场的人却寥寥无几。驻军正准备撤出县城,驻扎在西门肖家院子的周继尧,也做好了逃跑的准备。听说"神兵"专杀留东洋头的人,县署不少官员争先剃头,街上也有人忙着用剪刀剪发。

腊月十八,天气阴沉。拂晓时就有人搬家下乡,县署公务人员却已撤出城外,驻军也整装待发。午后一时许,大石墩前转堡处忽有一路白旗摇晃而下,"神兵"来了!周继尧立马派出一个营跑步出城,沿着西门坝的田坝埋伏。主力则过南门桥掩护,万一抵挡不住,便向思南撤退。少时,"神兵"进至转堡坡脚,分数路奔向西门坝。"神兵"先头一路白旗,步调一致地左摇右晃,一跪一拜,突然一声呼啸:"杀!""神兵"直向城头扑来。周继尧忙派一个连跑步迎击,"神兵"手舞刀叉,跳跃奔驰,骁勇异常。国民党地方驻军抵挡不住,抱头回窜。"神兵"大队赶了上来,杀声震天。周继尧忙下令预备队开枪射击,"神兵"以血肉之躯相迎铁弹,终究不支,当即倒下数十人。这时官军齐声高呼"打得进!"于是火力更猛,弹飞如雨。"神兵"招架不住,大队逐渐后退,背临河岸,只好扑水渡河,分散上坡。官兵凭岸射击,转堡道上尸体枕藉。"神兵"伤亡惨重。1933年腊月中旬的第一次攻城,"神兵"就这样失败了,仅天池坪一个神坛,就死了11人,其中女性7人。

"神兵"首次攻城虽然受挫,但志气未灭,发誓要为死者报仇。于是众"佛主"商议:一是抓紧操练,二是向外地求援。鉴于天池坪神坛损失较大,指挥中心转移到宁家寨神坛,由宁家寨"佛主"宁国学主持二次攻城事宜。不久,六井溪众神坛又恢复了兴旺景象。凡支持神坛的人家,门上都挂着白旗,声援"神兵"。

思南府派出的坐探回城报告了六井溪"神兵"的近况。周继尧也派哨兵日夜在大石墩守望。北门外胡家沟、朱家沟的山头上都驻了兵,龙津寺架了便桥,以便随时撤往对岸,城内驻兵一营。宦泽民派人星夜前往思南发电向省府报警。1934年正月二十二日夜，六井溪"神兵"再次攻城的消息飞报入城。二十三日清晨，城郊居民扶老携幼纷纷往南郊躲避，城内陷入一片混乱之中，宦泽民下令全体撤出城外。周继尧的部队于拂晓出动，布置在西门坝一带。下午一时许，大石墩的哨兵鸣枪三声，西门坝的官军即匍匐在田坎角或隐身于草垛内。只见大石墩、阁老寨一带，白旗翻舞，人流滚滚，分三路直奔西门坝而来。在坝上会合之后，"神兵"一边挥舞着刀叉，一边呼喊着："打不进，杀不进，一刀砍个白印印。"勇往直前，队形刚刚散开，立即被埋伏的官军一阵排枪射击，当即倒下几人，但前锋几十个"神兵"，仍然挥舞刀叉，跳跃厮杀，接连砍伤数人。酣战间，却被桑树林的官军伏兵冲散了"神兵"后队，前锋又不断有人中弹，队伍被迫退出山沟。埋伏在城墙脚下的官军主力，便全线扑向"神兵"大队。沿途战死的"神兵"不下百人。在西门坝留下的尸首，以妇女居多，她们都一手执剪刀，一手执茅草，次第倒在血泊之中。"神兵"败走，官军穷追不舍，直上大石墩，径取六井溪，官军不分男女老幼，见人就杀，天池坪等地的民房被烧毁不少。至此，"神兵"第二次攻城又告失败。

六井溪"神兵"再次受挫后，无处容身，只得逃到德、沿交界的地方暗中设坛，又聚集了几百人潜心练功，伺机复仇。这时，周继尧旅已调离印江，由原驻沿河的黎刚部接防。黎部也有不足百人的一队"神兵"，黎刚一到印江，就听说六井溪"神兵"不久将破城复仇的风声，即把他的"神兵"队调到中坝驻扎，并派出一连人巡回侦察，还把板溪任永俊的团防调来协助。三月初十，六井溪"神兵"果然又出动攻打印江县城。十一日正午，六井溪"神兵"与黎刚的"神兵"相遇，两下冲杀，未分胜负。黎刚即派出精锐部队和任永俊的团队从两侧包抄，六井溪"神兵"不敌败走，沿途死者甚多。黎刚部旋即开到六井溪山寨去搜捕"神兵"，血洗山寨，惨不忍睹。

1934年正月上旬，沿河谯家铺伪区长张云佩率民团准备一举踏平白石溪、照东岩等地神坛。印江六井溪"神兵"闻报后，1千多人驰援，结果"神兵"获胜，张云佩被两个十几岁的神兵"搜山虎"突袭砍死，其尸体被砍为几大块祭旗。印江"神兵"的浴血斗争，集中地体现了广大农民反抗暴政的大无畏精神。印江县沙子坡麻竹园神坛开设较晚，于1933年腊月十三日才立坛，腊月二十三便参加攻打县城，来年正月又参加第二次扑攻，在战斗中，无数"神兵"献出了宝贵的生命。

1934年春夏之交，由于国民党军队的大规模"进剿"，印江的"神兵"斗争趋于失败，"神兵"首领和骨干纷纷躲进深山老林，各地神坛渐行瓦解。国民党军队对"神兵"实行了"杀光、烧光、抢光"的"三光"政策，广大"神兵"群众被视作"神匪"，遭到了残酷迫害。1934年二月初四，黔军胡团长和刀坝民团陈品山等窜到池坝，把耕牛、财物抢劫一空，还烧了100多栋房子，整个村庄顿成瓦砾。何家庄、瓦场坝两个村寨也被烧房30多栋，瓦场坝仅余民房3间，"神兵"死难者前后共达200余人。轰轰烈烈的"神兵"斗争，就这样悲壮地失败了。

归根到底，"神兵"的性质就是农民起义，它体现了广大农民与反动政府势不两立的反抗精神。它虽然带着宗教迷信的色彩，采取教、政、军合一的神坛原始形式，但其起义性质不变，在很大程度上动员唤起、组织了"神兵"的斗争，既为红三军在黔东"扩红"提供了兵源，又在客观上为黔东特区的创立奠定了良好的群众基础。

印江"神兵"由于各种原因趋于失败，斗争转入低潮。这时传来中国工农红军第三军进入黔东，并攻占了沿河县城的消息，群情振奋。"神兵"众首领公推冉少波为代表，寻找红三军求援。他走小井，出酉阳，奔南腰界，在刀坝境内找到了红三军，请求红三军支援。

（3）冉少波与"神兵"

由于没有明确的政治路线的指导和强大军事力量的支持，黔东各地的"神兵"运动经历了前后三年的英勇斗争，终因国民党军队的血腥镇压而被迫转入地下。这时，已成为黔东各地后期"神兵"斗争主要领导人物的冉少波，把"神兵"这支原始的革命武装带上了由中国共产党领导的革命武装力量的正确道路，他与众"神将"共同努力，最终带领"神兵"加入了红三军。

冉少波是印江"神兵"运动的代表人物，为开创黔东革命根据地作出了重要的贡献。

冉少波，1901年出生于杉树乡冉家坡。1931年，在铜仁车鸣骧旅任军事教官期间，冉少波结识了中共地下党员熊仲卿，了解了共产党的奋斗纲领和主张，思想开始倾向于共产主义，萌生了拉队伍闹革命的念头，这一经历成为他人生道路上的一次重要转折。

1932年冬，冉少波与熊仲卿一起回到印江。1933年4月，冉少波在驻印江军阀吴湘涛处获得一张委任状，在印江、德江、沿河边境的袁家湾组建了独立营，冉少波任营长，熊仲卿任参谋。独立营提出"一打财主二打官，不与穷人啥相干"的口号，仅3个月时间，独立营就发展到3个连，400多人。这一发展态势，令地方当局、地主恶霸如坐针毡，引起四乡八寨豪绅思忖对付独立营的办法。

1933年9月，枫香溪地主覃礼坤纠集谯家、上坝、沙子三区民团近900人，围攻独立营。当冉少波在冉家坡与敌对峙的关键时刻，独立营三连连长丁国安叛变，倒戈反击，独立营战败，冉少波潜离印江。中共地下党员熊仲卿则转折于德江稳坪、枫香溪、沿河谯家等地，继续从事革命宣传活动。

1933年10月，在熊仲卿的介绍下，冉少波出发到江西苏区投奔红军，因途中受阻，只好委身于蒋丕绪部任营长。此时，黔东"神兵"运动风起云涌,德江"神兵"攻下了县城,拥立了"神兵县长",印江"神兵"也驱官赶吏,3次攻打县城。冉少波从"神兵"运动中看到了人民群众的巨大力量,毅然返回故里,化名张羽峰潜入德江稳坪、桶井一带,重新组织和训练"神兵",宣传"要胜利只有找共产党,当红军",鼓励"神兵"继续坚持斗争,"神兵"也在屡吃败仗中接受了冉少波等人的领导。其间,冉少波和熊仲卿派警卫员陈云武等人两次到川黔边寻找红军踪迹,以汇报黔东"神兵"斗争情况,请求党组织和红军前来领导"神兵"运动,但均未如愿。

1934年5月,冉少波率领的"神兵"在稳坪枫香溪张家祠堂遭黔军何应林团袭击,经浴血突围,辗转到酉阳南腰界等地寻找红三军请求援助,因红军已经东进错失机遇。

艰难曲折的斗争和中共地下党员熊仲卿的启发,使冉少波越来越明白,没有鲜明的主张和完整的斗争纲领,没有广大人民群众的支持,斗争是很难取得胜利的,这为他日后参加红军奠定了坚实的思想基础。

(4)从"神兵"到红军

1934年6月9日,红军从南腰界出发,出敌不意向南直下,经酉阳的龙池、唐家溪,松桃的猫山、麻阳,印江的鸡母溪进抵刀坝。在刀坝期间,红三军对收编"神兵"作了一些酝酿工作,并形成了收编"神兵"的决定,到达沙子坡后,便正式收编。

经过分析,红三军认为黔东"神兵"是一支可靠的同盟军。中共湘鄂西中央分局的观点是:"印江、德江、沿河、务川一带,去年有'神兵'的组织,他们的发动是为反对苛捐杂税而起的。他们到处设有神坛,神坛设有'佛主',练有'神兵',俨然政府,率兵与当地驻军战争失败,于是就渐行瓦解,但是组织还没有被破坏。我们认为'神兵'是一种农民斗争的原始形式……"对于"神兵"这支带封建迷信色彩、原始落后的农民武装,怎样才能实现对其领导？这是必须正确对待的首要问题。中共湘鄂西中央分局的方针是：我们的策略，首先是接近他们，在接近他们以后，主要是以土地革命的口号和土地革命的斗争来争取下层的群众，同时我们在群众中还要直接地、单独地组织农民的团体。基于这种考虑，红三军针对"神兵"群众的思想水平和觉悟程度，旗帜鲜明地提出了"打富济贫""打土豪、分田地"等通俗明了的宣传口号，在一定程度上与"神兵"的"三灭"口号接近，易于被广大"神兵"群众接受和拥护。按照"党指挥枪"的原则，采取收编的形式，把"神兵"编为黔东纵队，冉少波任纵队师长（又称司令），直属红三军军部领导。

红三军对"神兵"采取了在收编的基础上加以改造的稳妥方针。对于各地"神兵"中有影响的首脑人物，大都适当加以任用。特别是对黔东纵队，更是实行教育、改造循序渐进的原则。鉴于"神兵"缺乏近代军事训练，在作战时红三军基本上没有要他们打硬仗、恶仗，对于"神兵"的违纪行为和不良习惯，红三军决不无原则迁就，而是耐心教育、启发觉悟、严肃纪律。黔东纵队战士人人都会唱《红军纪律歌》。由于历史遗留问题，不少"神兵"染上了吸鸦片的劣习，红三军不是直接下令禁止，而是采用逐日减量、限期禁戒的办法加以杜绝。同时，红三军还严厉地惩办了一些严重违反纪律者，其中包括第二支队长张中贵、大队长吴国成等人。通过教育、改造，黔东"神兵"这支原始落后的农民武装，终于走上了工农红军武装斗争的光明大道。

红三军入黔时，只有七、九两师所辖3000多人。黔东特区创立以后，制定并通过了《工农武装问题决议》，准备在印、德、沿三县动员3000人参加红三军。由于种种因素，实际补充2000多名新战士加入红军正规部队，在这些新战士中，绝大多数是过去的"神兵"。

1934年6月17日召开的沙子坡万寿宫群众大会，是红三军进入黔东后的第一个大型集会，听贺龙同志的讲话后，很多"神兵"踊跃报名参军。有些"神兵"参加万寿宫大会后，连家都未回，就报名参军踏上了革命的征途。当天报名参加红军并留在万寿宫吃晚饭的"神兵"有数百人，至于父子、兄弟双双参加红军的"神兵"，也不乏其人。印江县吾党寨农民胡天福，一次就约了47名"神兵"投奔红三军，后编入黔东纵队。中共湘鄂西中央分局书记夏曦在1934年7月21日召开的黔东特区第一次工农兵苏维埃代表大会上的致词中更是明确指出："现在来参加我们红军的，主要是这一部分群众和代表工农群众利益的'神兵'领袖。"印江县伪代理县长罗炳权在1934年10月的呈文中惊呼"'共匪'贺龙于夏初率人枪数千，勾伙'神匪'蔓延各县"。印江"剿匪后援分会"委员长杨振芳在1934年10月的呈报中也提及，贺龙"率人枪数千窜入黔边……'神匪'伙入声势浩大……"。

1934年10月下旬，湘鄂川黔边特区革命军事委员会将黔东独立师整编为1个正规团，正式列入红三军建制。据初步调查，根据战争形势的需要，除留一部分人坚持地方斗争以外，仅印江县当年参加红三军并跟随贺龙转战湘西的就有500多人，但在战争中幸存的人极少。

（摘编自：《血脉史诗》，中共铜仁市委党史研究室编；原作者：石玉、杨再斌、任明名）

二、木黄会师

1. 木黄会师：八千健儿狂飙燎原

红二、红六军团木黄会师是两军团进入新的历史时期的转折点和里程碑，是一次胜利的会师、团结的会师、模范的会师，有力地策应了中央红军的战略转移，孕育了红二方面军。

图3-33　木黄会师纪念馆

　　1934年10月24日，贺龙、夏曦、关向应领导的红三军与任弼时、萧克、王震率领的红六军团在印江县木黄镇胜利会师。会师后的两军团为策应中央红军长征，在木黄水府宫召开紧急会议。当天下午，两军团转移集结到邻近的松桃县石梁，在此休整一天后，于26日到达重庆酉阳南腰界，召开会师祝捷大会。党中央特致电祝贺，并决定红三军恢复"红二军团"的番号。10月28日，红二、红六军团主力向湘西挺进，新开辟湘鄂川黔苏区，有力地策应了中央红军长征。1982年8月，萧克在《题木黄会师》时写道："二六军团，历尽艰险。木黄会师，三军欢唱。八千健儿，挥戈东向。沅澧汹涌，狂飙燎原。赤区重建，湘鄂川黔。抚今追昔，怀梵净山。"红二、红六军团木黄胜利会师后，鉴于红二军团因几次"肃反"后政治干部缺乏和红六军团甘溪遭遇战后战斗力受到削弱的情况，两军团的兵力进行了整合，从红二军团中调一部分指挥员充实到红六军团连、营担任指挥员，从红六军团中调部分干部到红二军团任连营政治干部，贺龙又为红六军团营以上干部配备了马匹，调拨了一批武器给红六军团，从苏区调来粮食、衣物发给红六军团每一个战士。红二、红六军团结成了一个团结的整体，战斗力得到迅速提高。为有力策应中央红军长征，一方面，主力红军向湘西进发，开辟新苏区；另一方面，组建中共黔东特委（段苏权任书记）和红二、红六军团黔东独立师（王光泽任师长、段苏权任政委）留守黔东，率领苏区人民继续坚持斗争。

2. 木黄会师：转折点和里程碑

红二、红六军团木黄会师，是中国红军史上的一件大事，它把来自不同战略区域的两支红军组成了一股强大的革命力量，为红二方面军的诞生奠定了基础。木黄会师是两军团进入新的历史时期的转折点和里程碑。

1934年10月24日，贺龙、夏曦、关向应领导的红三军与任弼时、萧克、王震率领的红六军团在印江县木黄镇胜利会师。党中央特致电视贺，并决定红三军恢复"红二军团"的番号。10月28日，红二、红六军团主力向湘西挺进，开辟创立湘鄂川黔新苏区，有力地策应了中央红军长征。长征途中，红二、红六军团受命正式组成红二方面军，成为中国工农红军三大主力之一，在人民军队征战史上谱写了新的篇章。

木黄镇位于国家级自然保护区——武陵主峰梵净山脚下，地处两省（市）三县（印江、松桃、秀山）交界处，距印江县城41公里，素有印江东大门之称，是中国工农红二、红六军团会师圣地，省级风景名胜区，省级历史文化名镇。

1934年5月，贺龙、夏曦、关向应领导的中国工农红军第三军（原红二军团）进入黔东，收编了活跃在黔东地区的"神兵"，将"神兵"组建为黔东纵队（后改编为黔东独立师），并在广泛发动群众的基础上，于7月21—22日召开了黔东特区第一次苏维埃代表大会，选举产生了黔东特区革命委员会，建立了包含印江、沿河、德江等六县，纵横100余公里的黔东革命根据地。红三军在黔东的活动，遭到了国民党黔、湘、川军阀部队的"围剿"。就在木黄这块峡谷地带，贺龙亲率红三军主力和黔东游击队，先后两次击溃和重创了数倍于己的国民党反动军队，壮大了红军力量，巩固和发展了黔东革命根据地，为两军会师奠定了坚实的基础。

▲ 图3-34 红二方面军总指挥贺龙

1934年8月，作为中央红军长征先遣队的红六军团，在任弼时、萧克、王震的率领下，奉命离开湘赣革命根据地西征，转移到湖南中部开展游击战争，并同红三军取得联系，同年10月，在石阡甘溪，突遭到湘、黔、桂敌军24个团的包围，部队被分成三个部分，这三个部队分别朝黔东苏区方向前进。军团参谋长李达率领的第四十九团、第五十一团之一部首先从甘溪战斗中突围后，与军团主力失去了联系，遂决定"先找到贺龙同志率领的部队，然后迅速回头支援红六军团主力"。部队由石阡、江口县境的崇山峻岭间通过，并沿梵净山麓西北前进。而此时，红六军团主力十八师、军直机关和十七师一部，正转战于石阡、镇远、余庆、施秉一带，与敌周旋。10月10日，红六军团主力到达施秉时，已减员六七百人，且伤员极多。这里山势险峻，人烟稀少，物资奇缺。部队因为在悬崖峭壁上行动，被迫"焚烧行李，减少辎重"。许多人没有鞋，赤脚在荆棘丛生的密林里行走，战士们饿着肚子坚持战斗，不少同志因疾病和饥饿停止了呼吸。10月15日，军团主力在龙塘又遭敌截击。

10月15日，李达率领的部队在黔东苏区的沿河县水田坝附近与红三军一部会合。李达见到了贺龙、关向应，即把红六军团在甘溪战斗中的情况作了汇报。贺龙得知红六军团的艰难处境后，万分焦急，当即研究了接应的办法，并决定亲自率红三军主力南下接应红六军团。

10月16日，贺龙、关向应率领红三军主力南下，从沿河水田坝出发，星夜兼程，以7天急行军，绕梵净山东侧，经印江、松桃、江口，抵梵净山南麓，在木根坡与红六军团第五十团会合。随后，两支部队又沿梵净山西侧急进，继续往印江木黄等地寻找红六军团主力。

10月17日，红六军团主力经与敌拼杀后旋回甘溪，改走小道，拟通过镇远、石阡之封锁线，又与敌遭遇，经红军奋战，击溃了湘桂之敌，后在一老猎人的带领下，穿过人迹罕见的涧谷，并于当晚通过镇远、石阡封锁线。至此，红六军团战胜了大于我军数十倍之三省敌军的围追堵截，于10月19日到达石阡、江口边界的板山桥，与尾追之敌激战后进入江口，20日凌晨，进驻德旺，21日，经甘沟、阴家槽越过苗王坡，到达印江缠溪，23日，经永义官寨、慕龙，宿落坳一带。

10月24日上午11时，红六军团主力经新业落坳抵达木黄三甲，与贺龙、关向应领导的红三军主力及李达部队经新业芙蓉坝、锅厂，到达三甲，两军胜利会师。红六军团行程5000余里的西征也至此结束。会师后的两军团为策应中央红军长征，在木黄水府宫召开紧急会议，后于当天下午，转移集结到邻近的松桃县石梁地区，在此休整一天后，于26日到达重庆酉阳南腰界，召开会师大会。会上，任弼时宣读了中央贺电。

红二、红六军团木黄会师，是一次胜利的会师，团结的会师，是中国红军史上的一件大事，它把两支来自不同战略区域的红军结成了一个团结战斗的整体，形成了一支强大的战略突击力量，从此以后，两军团再也没有分开过，为完成新的更大的政治、军事任务奠定了可靠的基础。

据有关党史专家介绍，红二、红六军团会师无论在军事、政治上，都具有重要意义，主要表现在四个方面。

第一，为解决两军团建设中各自存在的迫切问题创造了条件。红六军团从湘赣苏区突围西征，在近80天的艰苦转战中，跋涉5000余里，与优势敌军顽强奋战。因长途跋涉，部队极度疲劳，大量减员，处境困难，特别是经历了退出苏区和搬家式转移的痛苦教训，迫切需要休整，木黄会师为红六军团提供了一个很好的场所。会师后，红二军团与中央中断两年的联系得到恢复。红二、红六军团彻底摆脱了各自困境，开辟出一个崭新的局面。

第二，木黄会师后两军团形成了一支强大的战略突击力量，为发展湘鄂川黔的革命斗争奠定了坚实的基础。红六军团在甘溪战斗受挫、部队减员十分严重的情况下，如果不与红二军团会师，而按中革军委的电令，单独地向湘西一带前进，将受到湘敌的猛击，无力策应中央红军长征，整个部队的前途也不堪设想。

第三，木黄会师使两军团形成一个以贺龙、任弼时、关向应为核心的领导集体，孕育了红二方面军的诞生。会师后，两军团取长补短，共同发展。红六军团着重从政治上给红二军团以巨大支援，抽调一批政治工作能力较强的干部到红二军团工作，充实了政治工作力量；红二军团则抽调一批军事素质较高的干部到红六军团，使两军团的力量得到很好的整合。红二军团给红六军团筹粮、送盐、配马、补充武器弹药，尽可能地给予保障。此后，两军团迅速发展。1936年7月，在长征途中，红二、红六军团受命正式组成红二方面军，成为中国工农红军三大主力之一，在人民军队征战史上谱写了新的篇章。

第四，木黄会师有力地策应了中央红军长征。在粉碎敌人第五次"围剿"无望的情况下，中央红军实施战略转移。红二、红六军团于木黄会师，有力地牵制敌人，策应中央红军长征。木黄会师后，两军团形成了一股强大的战略突击力量，主动发起了湘西攻势，打乱敌军部署，成功地将"追剿"中央红军的敌军重兵吸引到自己身上，并迅速地使湘鄂川黔革命根据地初具规模，成为牵制敌人的新的战略支撑，使中央红军在湘江之战后的危急关头，得以及时地转移到敌军力量比较薄弱的贵州，从而使中国革命揭开新的一页。

3. 红色记忆——木黄镇

在漫长的革命岁月中，有多少英雄儿女，为了人民的幸福生活，不惜以自己的生命为代价，他们有的流芳百世，有的甚至连名字都没留下。他们的共同目标，都是为了中华民族的伟大复兴奋斗终身。而在铜仁的红色文化当中，木黄镇名震一方。1934年10月，中国工农红军第二、六军团在此会师，用鲜血和生命造就了贵州高原上第一个红色政权，木黄之名，由此载入史册。

木黄镇，位于贵州省东北部，是黔川湘三省交会之处，距印江县城约40公里，这个仅万余人的小镇，是苗族、土家族的聚集地。八十多年前，两支来自不同战略区域，从未谋面的红军队伍，就是在这里实现了历史性会师。这个黔东小镇也因此被载入史册。

▲ 图3-35 印江木黄会师柏

矗立在木黄镇的千年古柏,见证了八十多年前的历史性会师。1934年10月24日,红六军团主力抵达木黄,与贺龙、关向应领导的红三军胜利会师。队伍走进大柏树时,正在生病的任弼时,一见到贺龙的身影,立即从担架上下来,坚持要自己走,贺龙忙迎上前。任弼时激动万分,紧紧握住贺龙的手说:"这下好了,我们两军终于会师了。"

这棵柏古树见证了红二、红六军团,两军的首长当年会师的情景。1934年10月24日,红二军团的贺龙和关向应与红六军团的任弼时、萧克、王震,就在这棵大柏树下握手拥抱,实现了两军到木黄的会师,后来当地群众就把这棵树亲切地称为"会师柏",它见证了红二、红六军团两军的会合。

会师柏高24米,树围8.2米,树冠覆盖面积约158平方米,树龄约1300年,树干中间一分为二枝,到顶部又合二为一篷。原来它是两颗相对独立的树,但是在生长的过程当中就自然长成了一个整体,紧紧拥抱在一起,象征着红二、红六军团会合在一起,形成了一支不可战胜的力量。

由萧克将军题写馆名的"红二、六军团木黄会师纪念馆"位于木黄镇中央,是全国重点文物保护单位、全国爱国主义教育基地。纪念馆原址是水府宫,原本是当地乡绅的会馆。为纪念木黄会师这一具有重要历史意义的重大事件,1977年7月,中共印江县委、县人民政府决定在水府宫建立会师纪念馆。

2017年3月,中宣部新命名的41个全国爱国主义示范基地名单出炉,木黄会师纪念馆位列其中。据史料记载,红二、红六军团的胜利会师,是中国红军史上的一件大事,它把两支来自不同战略区域的军队拧成一股强大的革命力量,为红二方面军的诞生,奠定了基础。

木黄会师纪念馆占地800余平方米,为全木制结构。纪念馆分为两个展厅,分别展览老照片、作战地图,让人直观地了解红

第三章 黔东北革命故事和人物

图3-36 印江木黄会师纪念馆

军在贵州的历史。木黄会师纪念馆是中国革命的历史见证,现已成为各族人民继承革命传统、进行革命传统教育和爱国主义教育活动的重要场所。

由于中央红军第五次反"围剿"失败,中国工农红军第六军团作为长征的先遣队,从中央苏区出发,经过湖南、广西进入贵州境内。贺龙率领的红三军,先期到达木黄,等候红六军团的到来。

1934年夏,贺龙、夏曦、关向应等率领中国工农红军第三军进入黔东,建立了黔东特区革命委员会。同年10月,由任弼时、萧克、王震率领的红六军团抵达木黄镇,与红三军胜利会师。

红六军团西征经历了大小战斗近50次,战胜了湘粤桂黔四省敌军的围追堵截,牵制了国民党军70多个团的兵力,同时也付出了巨大代价。

红六军团从江西出发的时候是9700多人,经过50多天的转战,特别是经过甘溪遭遇战以后,队伍受到了重创,到木黄会师的时候,红六军团只剩下3300多人。人困马乏,需要补给,伤员需要救治,粮食弹药需要补给。两军会师以后,红三军就向红六军团提供了粮食,包括为红六军团的战士提供草鞋。

在木黄的短短几天,红六军团受到了亲人般的照顾,贺龙事无巨细,亲自部署,要求从各个方面优先保障远征而来的红六军团,送粮送肉,保证红六军团战友吃好休息好。

两个来自不同战略区域的军队形成了一支接近8000人的强大的军事力量。为接下来两军团开辟湘鄂川黔革命根据地奠定了坚实的基础。

这次行动,跨越敌境5000余里,查明了道路、民情,实施了大规模战略转移,沿途播下了革命火种。为中央红军长征侦查探路。会师以后,两个军团的领导人在木黄镇水府宫内召开紧急会议,决定两军团统一行动。

两军在木黄会师以后,在水府宫这个地方,对两军以后的行军路线和两军团以后的发展分别进行了汇报和分析,大家一致决定,两军团的主力还是要向湖南湘西方向挺进。

两军在木黄水府宫召开会议后于当天下午,转移集结到邻近的松桃县石梁地区,在此休整一天后,于10月26日到达重庆酉阳南腰界乡,届时两军会师大会在此地隆重召开。会上,任弼时宣读了中央为两军会师发来的贺电,并宣读了红三军正式恢复红二方面军番号的命令。任弼时指着贺龙向红六军团的指战员说,他就是"两把菜刀闹革命"、南昌起义的总指挥贺龙同志。

在木黄会师以后,形成了以贺龙、任弼时、萧克、王震、关向应为核心的领导力量,为后来红二方面军的诞生奠定了基础。

贺龙提出,出兵湘西,可以牵制湖南湖北的一大批敌人,支援中央红军。把这批敌人背起来,也好让中央红军肩膀轻一些。任弼时问,去了打得赢吗?贺龙说,一个军团打不赢,两个军团一起去,打得赢。

木黄会师策应了中央红军的长征。红二、红六军团自身得到了发展,同时大量地牵制了湖南湖北方向的敌人。为中央红军长征减轻了军事方面的压力,为后来遵义会议的顺利召开奠定了基础。

两个战略方向的红军走在一起,他们团结得非常好。用贺龙的话说,八千多人,八千条心,团结得像一个人一样。红二、红六军团到达湘西后,包围常德,威胁长沙,开创出东西约400里,南北250里的湘鄂川黔革命根据地。

总的来说,木黄会师是中国工农红军长征史上的大事,在军事上、党史上的作用都是非常巨大的,它的地位也是非常重要的。为党和人民军队的建设,也起到非常重大的作用。

木黄会师后,红二、红六两军团并肩作战,再也没有分开过。木黄会师也因此成为人民军队发展史上著名的模范会师。

在木黄将军山上,中国工农红军第二、红六军团木黄会师纪念碑巍然屹立在一排排柏树当中,似乎在提醒着我们不要忘记以前的战火,更要珍惜现在的生活。

纪念碑背倚巍峨葱郁的将军山,前俯清澈

🔺 图3-37 中国工农红军第二、第六军团木黄会师纪念碑

如镜的木黄河，碑的正面有王震同志亲笔题写的"中国工农红军第二、第六军团木黄会师纪念碑"19个斗大题字。整个建筑庄严雄伟，大方美观。纪念碑的建成，也昭示着为中国革命牺牲的烈士，永昭光辉日月，名垂青史。

峥嵘岁月早已过去，如今见证历史的会师柏巍巍而立，依然如故，虽经历风雨的洗礼，至今仍开花结果，风姿犹存，曾经炮火硝烟的将军山上，如今屹立着木黄会师纪念碑。运筹帷幄的水府宫，也早已成为会师纪念馆，似乎这一切都向人们说着历史，说着长征，说着会师。

三、印江人民的顽强斗争

红二、红六军团主力东进和黔东独立师撤离后，黔东苏区沦陷。地方军阀和土豪劣绅纷纷返回根据地，组织"还乡团""清乡队"，叫嚣"一人当红军，全家都诛灭""房屋烧光、人畜过刀"，杀气腾腾地向苏区人民进行报复，大批红军伤病员、苏维埃干部、支红分子惨死于敌人的屠刀和酷刑之下，白色恐怖笼罩着整个黔东苏区。

六井溪、沙子坡、红溪一带，过去因闹"神兵"曾被反动派骂为"神匪之区"，后来又被斥为"红匪区域"，不少游击队员，头上戴着"神匪""红匪"两顶帽子，惨遭迫害。一般群众也被勒索用十二块光洋领取一张"良民证"，以免飞祸。

1934年6月9日（农历四月二十八），红三军首次进抵印江县刀坝，当天便派兵来到来安营毛坝捕捉伪区长陈文澜，未获。在土地革命中，陈带着区大队长陈文会、区公所助理陈跃庭、师爷张崇龙等人溜进印江县城"避难"，以待时机。及至当年9月，黔军杨昭卓旅"进剿"刀坝，陈文澜等人便跟在其后返归故里，陈出于其反革命的政治目的，吸取过去的教训，招兵买马，网罗亡命之徒，立即着手组织反革命武装，并在来安营狮子山营盘构筑工事。1934年11月中旬，由黔东特区革命委员会副主席、红三军干部秦育青率领的特区保卫队、机关工作人员和红军伤病人员共约200多人，从沿河出发，经印江县的茅草盖、梯子岩、胡家坝、安家坝等地，到达来安营，准备前往酉阳一带，寻找红军主力，行至下寨坝，即被安永成匪部发觉并跟踪追击，我军且战且走。陈文澜匪部闻讯，立即鸣锣为号，招兵聚击，陈文会急率匪众迎头拦截，与后面尾追的安匪对我军形成夹击之势。匪首陈沛然、陈文藻也率"清乡队"赶到，我军陷入四面包围之中。经过激战，大部分战士突围而去，损失也很严重，当场牺牲20多人，还有24名伤病员和战士被俘。9名被俘人员惨遭杀害，剩余的15人被押至狮子山营盘。陈文会即令将3个年龄较大的被俘红军（其中一个叫马医官）捆在树上，其余12人分别关押在吴永清家苕坑里和搭斗下，陈文见先将捆绑在树上的1个红军砍杀于营盘门边。当天晚上，陈文见、陈文桥等匪众又将马医官和另一个被俘红军的手脚捆住，平悬在桊子树上，下面再烧火燎烤，并且用烧红的杠炭烫烙其胸膛和腹部，将两人活活折磨至死。除3名被俘人员幸免外，其余人员均被陈文澜及其"清乡队"杀害。

红木树自卫队员何代杨，不幸落入沿河白石溪"清乡队"张万超、张龙湘等人的魔掌。匪徒们把头盖骨敲开一个洞，灌上桐油、灯草，然后点火焚烧，谓之为"点天灯"。其痛苦之状，惨不忍睹。

1934年10月，红军主力刚离开，红花园伪乡长黄茂怀、土豪黄吉庭、黄庭才和"清乡队"袭击了坨寨乡苏维埃政府。3名红军代表被捕，其中还有一个名叫丁兰英的女同志。乡丁们把两个男红军的手脚捆住，用穿心杠抬到高洞河边，两端搁在石头上，下面烧火燎烤，当即活活烧死，随后又将尸首抛入河中。匪徒黄朝良唯恐人还未死，又追下河去朝尸首戳上几刀。丁兰英受尽折磨后，卑鄙的敌人又以四块光洋的身价将她卖与一个50多岁的老光棍为妻。丁坚贞不屈，誓死不从，后来巧妙地逃离男方家门，辗转到达酉阳农村安家落户。

兰克乡苏维埃政府主席黄前照，被安永成匪部捉住后，用打鞋子的锥子一锥一锥地刺，黄痛楚难熬，最终惨死于敌人的毒手。

在此之前，兰克乡游击中队郑少南，率队到中坝沟打给养时，也遭安永成伏击而牺牲。

刀坝白猫岩农民戴世西一家，土地革命中曾分了地主老财易太义、杨胜松的土地，后来易杨二人勾结匪首任贞顺将戴世西家抢劫一空，当场杀死其三哥戴世六、四哥戴世秀，抓走其父戴友才。几天后其父也被杀害于双河口四园子。

坨寨农民王世焕、赵佐怀，曾任游击分队正、副队长，后被"清乡队"杀害于白岩河坝，赵的妻子听说还要满门抄斩，连忙背起年仅三岁的儿子跑进深山躲藏，一家人被逼得五离四散。赵的母亲由于长期悲愤郁结，结果双目失明。

坪底侯家沟农民侯世农、侯守林父子及侯世觉（世农之兄），曾参加红军游击队，后来3人同时被板溪伪区长张伯清、任锡坤等"清乡队"杀害于封神塘河坝。"清乡队"还烧了侯家的房子，赶走耕牛两头，洗劫所有财物。

据调查，被地主"清乡队"杀害的还有凉水、陡溪、沙子坡等地的游击队员十多人。由于年代较远，尚存的知情人为数甚少，死难人数难以完全搞清，不知道还有多少革命群众死于反动派的屠刀之下。至于被"清乡队"整得死去活来，逼得家破人亡，被迫流亡他方的革命群众，更是难计其数。

兰克构树湾农民谭绍成，曾参加黔东独立师转战至酉阳川河界，作战失利后机智脱险回家。伪区长陈文澜派人把谭及其父亲和伯父三人捉住，一顿毒打后又勒令其交三百六十吊铜钱取释，待谭家卖田当物如数交足之后，"清乡队"却只放出其父和伯父，谭绍成仍旧被拘押。匪徒们对谭施用了三种酷刑,一是"猴子扳桩";二是"灌辣椒水",把谭的脚后跟和耳用蓑衣针穿通后,用绳子把身子绑在长板凳上,再把板凳倒立起来,头朝下脚朝上,然后把烧热的辣椒水用茶罐一壶一壶地往鼻孔里灌,一连灌了七八壶,呛得谭绍成顿时昏了过去;三是"打风摆柳",把谭倒悬在树上,乡丁们站在四面打鸳鸯棒,这边打过去,那边打过来,身体左右晃荡,犹如风吹杨柳一般。后来,谭绍成在一个乡丁的帮助下,逃出了虎口,幸免于难。

永义农民袁焕章,曾为黔东独立师带过路。后来被保长戴泽奎派人抓去捆绑吊打,手指也被砍掉一根,还被罚款五百吊铜钱。袁被迫卖房、卖地、卖耕牛,才被"释放"回家。

沙子坡农民任栋成,土地革命中曾分得土豪尹怀昌家一头耕牛,红军走后,尹怀昌的儿子尹超权疯狂反攻倒算,不仅夺回了公牛,还把任栋成整个半死,逼得任栋成吞服烟土,自杀而亡。

在"清乡队"的淫威之下,无数革命群众为了免遭毒手,被迫逃亡他乡。马家庄游击队长汪岱庭,逃到凤冈做帮工为生,8年后才敢返乡。风谷岭乡苏维埃政府主席黄庭章,在思南等地流落了7年。该乡游击中队长夏月成逃往余庆躲避12年。仅红木村40余户农民,就被驱逐了12户。此种情况,真是不胜枚举。

在"清乡队"和国民党军的严密搜捕下,不少的红军干部、地方政权领导成员和游击队干部,先后落入敌手,其中包括黔东特区革委会副主席陈正国、印江独立团副团长宁国学,大约140余人,这些同志先被关押在印江县城,后被押送到省会贵阳。

在严重的白色恐怖下,革命队伍内部也出现了一些动摇分子和极少数叛徒,他们或妥协告密,或卖友求荣,或充当内奸,或倒戈相杀,很多优秀的军政干部和革命群众,就是死于他们之手。

官塘区革委会主席夏国安与红军代表徐正清、谢委员就是因叛徒梁银星的出卖而牺牲的。梁银星是池坝人，曾任游击大队长，他被傅万湘带领的"清乡队"捉住后，贪生怕死，变节投降。为了"戴罪立功"，梁秉承傅的旨意，充当内奸，诱捕夏、徐、谢三位同志。特别恶劣的是，梁还与乡丁张绍怀一起毒打夏国安。三位同志第二天便被杀害于马家庄一个消坑里。

原四坳口乡冷草岩苏维埃代表吴天银，自卫中队长吴天位、吴天明，主动与毛寨区"清乡队"接洽，并置办酒席款待"清乡队"头目谭习之、陈国安等人。他们摇身一变，成了国民党的"良民"和"红人"。我军旧寨坝区政府肃反部长杨伯昌被害，就是吴天银等人出卖并协助捉拿的。

在国民党的残酷屠杀面前，革命的人民并没有屈服，没有失去对革命的坚强信念。苏区沦陷后，他们冒着生命危险，一如既往地尽心照顾红军伤病员，保护红军文献。木黄地茶农民文万顺、文官平父子，悄悄护理一位伤员红军，其间反复转移藏匿地点，送饭熬药，历尽艰辛，精心照顾，直至红军战士痊愈。

苏区人民在极端艰难的条件下，冒着生命危险巧妙地保存了大批红军文献。在目前所能看到的有关黔东特区的文物资料中，大部分都是从印江县搜集的，其中又以韩家乡保存的数量最多。贵州省博物馆1977年9月编印的《贵州现代革命史资料汇编第一册》共刊载黔东特区文献资料14件，其中13件就是在印江县搜集的。一些珍贵的文献，如《黔东特区第一次工农兵苏维埃代表大会记录及决议》《中国工农红军的任务和纪律》《革命委员会政治纲领及组织法草案》《乡苏维埃》《农民协会的纲领及章程草案》等，就是印江县的风岩、架井田的革命群众冒险保存下来的。原旧寨坝区政府土地部长王焕林一人就保存了6件；架井田的群众巧妙地保存了原"印江第一区第六乡苏维埃政府"即石坪乡政府的公章一枚，这充分体现了印江人民对苏维埃革命的怀念与忠诚。

红三军曾在印江花园公社农民何瑞开家的板壁上写下两条标语,一条是:"红军是工人和农民的军队!"落款是红三军第九师政治部;另一条是:"保护'神兵'家属,反对川军拉夫送粮!"落款是红三军政治部。红军走后,地主"清乡队"下令何瑞开等人擦掉,何瑞开等人砍了一堆柴草遮住,巧妙地保存了下来。1975年,贺龙同志的女儿贺捷生来印江征集红军文物,这两条标语连同木板被征集而去,收藏于中国革命历史博物馆(现中国国家博物馆)。

红军时期的标语和歌谣,是当时革命的号角。在国民党反动派的残酷镇压下,印江人民依然悄悄地保护和传唱。沙子坡、花园、凉水、毛寨、刀坝、罗南溪、来安营、毛坝、兰克、枫香溪、滚金坪、木黄等地都有红军标语被保存下来,多达45条。当年红军教唱的《工农歌》《行军歌》《服从革命命令》《送郎参军歌》等歌谣在民间广为传唱。这些文物、标语和歌谣,成为印江革命历史的见证。

红军在印江期间,印江人民响应苏区党的号召,积极参与武装斗争和土地革命,送子弟参加红军,壮大红军的武装力量,开展游击战争,用生命和鲜血捍卫新生的红色政权,向红军提供生活物资,大力支援红军的革命斗争,保障了红二、红六军团的胜利会师和战略转移,为中国人民的解放事业作出了应有的贡献。

四、冉少波

1. 人物简介

冉少波(1901—1935),又名冉云、绍文,字启昌,号龙骧,土家族,中国工农红军黔东独立师副师长,贵州省印江土家族苗族自治县人,经历了从国民党士兵、"神兵"头领再到红军指挥员的人生旅程。

1925年，冉少波入湘军当兵，这支部队后被收编为国民革命军，参加北伐。

1929年，从南京陆军军官学校毕业。1931年，冉少波在铜仁加入黔军并任军事教官，结识了中共地下党员熊仲卿。1933年，冉少波组建了400多人的独立营。独立营反对并惩处了当地的恶霸势力。

图3-38　冉少波

冉少波的活动，震动了反动当局，印江县政府决定"围剿"独立营。获知这一消息后，冉少波带领84名精壮士兵，袭击了印江县城，缴获了一批枪支。随后，当地豪绅纠集了沿河、印江、德江等地民团900人"围剿"独立营，独立营战败。

随后，冉少波决定到江西苏区投奔红军，途中受挫，只好化名隐身于二十五军第三师蒋丕绪部。这时，黔东一带的农民暴动更加激烈，他们组织了"神兵"反抗苛捐杂税。冉少波认识到，把"神兵"组织起来，引导他们走上革命道路，才是自己的事业所在。1934年初，冉少波来到德江，"神兵"表示愿意接受他的主张和领导。

1934年6月，红三军进入黔东。冉少波决定寻找红军，并见到了军长贺龙。之后，很多"神兵"纷纷加入红军。1934年6月19日，红三军进驻枫香溪，湘鄂西中央分局召开了枫香溪会议，决定成立以"神兵"为主体的黔东纵队，任命冉少波为司令，熊仲卿为政委，纵队直属红三军军部领导，共1500人。至此，冉少波由一个"神兵"头领成为红军指战员。

黔东纵队在当地开展了轰轰烈烈地打土豪分田地的土地革命和武装斗争。1934年9月，湘鄂川黔革命军事委员会决定将黔东纵队与各独立团和部分游击队合编为黔东独立师，贺炳炎任师长，冉少波为副师长。红二、红六军团木黄会师后，冉少波被安排到红二军团司令部任参谋，11月，又被调入工农红军学校第四分校担任军事教官。1935年4月，冉少波在湖南塔卧被秘密杀害，时年34岁。

1949年后，全国人大常委会副委员长廖汉生指出："冉少波是被错杀的。"中共贵州省委1987年7月24日作出决定，正式给冉少波彻底平反昭雪，恢复政治名誉。

2.《"神兵"首领奔红军——记冉少波烈士》

1930年前后，在南方一些省份，曾出现过一些称为"神兵"的武装组织。有的"神兵"被地主阶级利用，成为他们欺压人民的工具、危害人民的祸患。有的"神兵"出于官逼民反，由农民自发组织，但他们缺乏明确的目标和严密的组织。1934年，黔东地区也兴起了"神兵"活动，给国民党反动政权以沉重打击。反动军阀纠集各方势力残酷镇压，"神兵"损失惨重，濒临绝境。

在这危难之际，一位30岁出头，英姿勃勃的青年军人来到"神兵"队伍中，帮助"神兵"重整队伍，带领"神兵"参加红军，走上了光明大道，为日后黔东革命根据地的创建和红三军的发展、壮大作出了贡献。这位"神兵"首领，就是后来的红三军黔东纵队司令——冉少波。

一

在贵州省印江、沿河、德江三县交界之地，有一个偏僻的土家族山村，这就是冉少波的家乡——印江县杉树乡冉家坡。

1925年，冉少波到湘军贺跃祖部当兵。这时，广州国民政府在中国共产党人的推动下正积极准备北伐。当北伐军进攻岳阳时，贺跃祖部正式编为国民革命军独立第二师。冉少波随部加入国民革命的行列，经湘阴、平江，入赣北作战。

  1927年3月，冉少波所在的独立二师扩编为国民革命军第四十军，湘军叶开鑫部改为国民革命军第四十四军。第四十军和第四十四军联合成立两军教导队，训练部队骨干。冉少波入教导队受训。不久，两军又联合举办军官讲习所，冉少波作为优秀分子，又从教导队选入讲习所学习。后来，蒋介石命令两军军官讲习所并入南京陆军军官学校第六期，编为步兵第四大队。冉少波进入该校继续受训。

  冉少波从军官学校毕业后，到黔军第二十五军五师车鸣冀部的教导队担任军事教官。在教学中，冉少波成为教官中的佼佼者。他身体力行，经常给学员做示范，表演绝技。特别是他的刀技，给人留下深刻印象。

  1932年冬，贵州军阀尤国才、王家烈之间爆发战争。车鸣冀出师参加尤部，进攻贵阳王家烈，战火蔓延黔境。冉少波看到自己培养的学生为军阀争斗而卖命，痛心疾首。恰在这时，他结识了中共地下党员熊仲卿。在党组织的影响下，冉少波毅然决定到湖南西北部及湖北、贵州两省边境的武陵山区拉武装，建立一支革命队伍。

二

  1932年冬，冉少波和熊仲卿一同来到贵州东北部乌江流域的德江、印江、沿河三县交界地区。他们利用驻印江军阀吴湘涛的名义，在袁家湾组建了独立营，冉少波担任营长。仅3个月的时间，独立营就发展到400多人。

  当时，黔东一带称作"神兵"的农民自发组织的武装正在兴起。"神兵"的矛头直指当地国民党反动政权。同时，在其内部，立"神坛"，练"神兵"，制定"三灭""四禁"等教规，具有浓厚的封建迷信色彩。与此同时，冉少波领导的独立营也提出"一打财主二打官,不与穷人啥相干"的口号。双方的矛头所向是一致的。

独立营提出的口号却遭到副营长、冉少波的族叔冉泽云的公开反对,并扬言"如果使用这个口号,就有我无他!"冉少波没作丝毫的退让,仍坚持自己的主张。为维护组织的安全与发展,他大义灭亲,并亲自写布告公布其罪状,得到官兵的一致拥护和支持。

为了扩大影响,冉少波率领独立营到沿河枫香溪(现属德江)一带活动。枫香溪附近有个叫龙塘的村子,住着大地主覃礼坤。他倚仗其担任贵州省财粮厅厅长的叔父赵茂松的权势,勾结当地恶势力,横行乡里,鱼肉百姓,早为群众深恶痛绝。冉少波决定将覃礼坤列为第一个打击对象。

一天晚上,他带领一个连奔袭龙塘,包围覃礼坤家,缴获步枪3支,捉住了覃礼坤之父,罚款500光洋。这次行动虽未能捉住恶棍覃礼坤,但在群众中产生了很大影响,群众踊跃参加独立营。就连枫香溪的小商贩,也筹款支持独立营,帮助解决给养。冉少波利用这一时机,扩充队伍,并亲自担任教官、抓紧训练部队。

独立营的一系列活动,震惊了反动当局。印江县政府下令通缉冉少波,并策划"围剿"独立营。冉少波得知这一消息后,决定先发制人。他率领84名精壮士兵,奔袭印江县城,趁夜暗包围了县政府。冉少波带随身护卫闯入院内,以开会名义,谕令县长召集警察局、保警队等头目集中,将其一网打尽,缴获了一批枪支。

大地主覃礼坤听说冉少波袭击了县城,气急败坏地纠集沿河谯家、沙坎、上坝和印江、德江等地民团八百多人,向独立营扑来。独立营驻袁家湾的第二连遭到突然袭击,全连战士拼死抵抗,大部阵亡。连长冉锡珍受伤被俘,惨遭杀害。敌人突袭彭家湾时,独立营营部被包围。在强敌进攻之下,冉少波率部突围,退守冉家坡,凭借有利地势,抗击敌人。当敌军逼近冉家坡时,独立营三连连长丁国安反水投敌,独立营失去了阻击敌人的良机和条件。为避免群众的伤亡,保存力量,冉少波当机立断,令余部撤离冉家坡,分散隐蔽,等待时机。

在艰难曲折的斗争实践中,冉少波不断在思索,特别是经过中共地下党员熊仲卿的启发引导,他明白了独立营受挫的根由,懂得了要革命,要胜利,只有找共产党,当红军。

三

1933年10月,冉少波离乡启程,由重庆坐船到江西九江,想寻机进入苏区当红军。可是,因途中受阻,冉少波只好暂时隐身于国民党第二十五军三师蒋丕绪部任营长,化名张羽峰。

这时,国民党黔军蒋丕绪与王家烈发生内讧,战火频发,广大人民处于水深火热之中。同时这一带"神兵"斗争也十分活跃。德江"神兵"攻占县城,拥立"神兵"县长,给群众极大的鼓舞。印江、沿河、务川、思南等县的"神兵"也酝酿着更大的斗争。冉少波从声势浩大的"神兵"斗争中看到了人民群众的力量,毅然脱离蒋丕绪部,秘密奔赴德江稳坪一带活动。

稳坪是德江"神兵"活动的中心。当时,"神兵"进攻思南县城,途中受阻。在敌重兵"围剿"下,"神兵"组织逐渐瓦解,"神兵"纷纷藏匿深山,处境极端困难。冉少波以自己的真实姓名,首先与神坛"佛主"张羽跃、"神将"张金殿、张羽让接上了关系。经过联络,"神将"们表示愿意接受他的主张。冉少波深入了解"神兵"斗争情况后,感触到了"神兵"们对前途的忧虑,听到了"神兵"要求打倒腐败官府的强烈呼声。他向"神兵"反复宣传"要革命,要胜利,只有找共产党,当红军"的道理,告诉大家:"有共产党和红军为我们撑腰,什么都不怕。""神兵"们受到了鼓舞,看到了希望。从此,稳坪的"神兵"斗争以隐蔽的形式,又逐渐开展起来。

1934年5月中旬,贺龙、夏曦、关向应等率领红三军从彭水来到黔东,经后坪(现属沿河)进入务川和德江县边境。消息传来,冉少波立即派人赴务川与红军接头。因红三军转移沿河,未能接上。此后,冉少波将"神兵"活动由隐蔽转为公开,集中稳坪、地底、板桶、木叶等地"神兵",以枫香溪张氏祠堂为根据地,抓紧训练,以策应红军在黔东地区的军事行动。

"神兵"的公开活动,使地方反动势力十分惊慌。他们趁春耕大忙时节,大部分"神兵"返家种田,仅剩下40多人的时候,迫不及待地向黔军何应林告密。何应林先派特务混入枫香溪张氏祠堂,将"神兵"的土铁炮引线拔掉,灌进水,然后以一个连的兵力,突然包围了祠堂。面对突来之敌,冉少波沉着镇定,指挥"神兵"奋力抗击。他让"神将"张金殿、张羽让等隐蔽在祠堂厢房楼上,自己冒着敌人的枪弹,穿过正殿,进入上殿,选好了突围地点。随后,组织"神兵"陆续冲出了祠堂。

枫香溪突围后,冉少波得知红三军进入印江县境,立即带领五名身强力壮、武艺高强的"神兵"到印江县,在刀坝找到了红三军。冉少波向贺龙详细汇报了黔东"神兵"的斗争情况,提出了加入红军,请红军改造"神兵"的建议。贺龙高兴地说:"神兵神将来了,好啊,欢迎你们!"

1934年6月,各地"神兵"汇集沙子坡,接受红三军的整编,成立了以"神兵"为主体的黔东纵队,冉少波任司令,张金殿任副司令,熊仲卿任政委。纵队直属红三军军部领导。从此,这支以"神兵"形式出现的农民武装,终于走上了革命道路。长期在黑暗中冲杀的冉少波,由"神兵"首领成为一名红军指挥员。

四

冉少波参加红军后,为创建黔东革命根据地,倾注了全部心血。他首先想到的是提高部队的政治、军事素质,建立了教导队,培训干部,并亲自担任军事教官。他组织干部和士兵学习共产党的政策,认识革命的目的;按红军的纪律和规章,严格训练部队,坚决纠正不良习气,逐步提高了部队的战斗力。

黔东纵队每到一地,他都带领战士发动群众,组织农民协会、游击队、自卫队,建立区、乡苏维埃政府,开展打土豪、分田地的斗争。在1934年7月召开黔东特区第一次工农兵苏维埃代表大会上,他被选为特区革命委员会委员。

1934年8月,冉少波奉命率纵队配合红九师,袭击黔敌一个团。他与九师师长钟炳然认真分析敌情,研究制定了诱敌深入、突然袭击的作战方案。

8月22日,红九师一部在木黄与敌军一个团接火。红军佯装"一触即溃",退到松桃岩柯坝。随后,红九师与纵队兵分两路,一路复出地茶坝,一路直奔锁口山,对木黄敌军实施突然袭击,毙敌70余人,俘敌80余人,缴枪150多支。接着,冉少波又接受了进攻酉阳南腰界反动民团的任务。

南腰界反动民团盘踞在南腰界大坝场冉家祠堂,是敌人嵌在苏区的一颗毒钉。拔掉这颗钉子是一场艰难的攻坚战。冉少波认真分析了敌情,决定采取"文武并举"的攻坚方案。他指挥纵队把祠堂围个水泄不通,随即向敌人发起政治攻势。经过喊话宣传,被胁迫进祠堂的群众陆续投向红军。可是反动民团凭借坚固的石头围墙和四周有水田的有利地形,负隅顽抗。冉少波挑选出多名精壮士兵,在炮火的掩护下,利用夜暗冲入敌巢,全歼顽敌。冉家祠堂被红军拿下的消息传遍苏区,群众欢呼雀跃,敌人闻风丧胆。

黔东纵队夺取冉家祠堂后，奉命回师谯家铺。这时，敌李成章部在反动民团的配合下，气势汹汹地向谯家铺扑来。冉少波果断地下达命令：纵队全部撤离，伺机歼敌。敌人占领了谯家铺，弹冠相庆，不可一世。冉少波乘敌骄横麻痹之际，夜袭敌营，睡梦中的敌军乱成一团。纵队乘势发起攻击，大败敌军，收复了谯家铺，并活捉了大恶霸覃礼坤。冉少波根据群众的强烈要求，将覃礼坤公判处决。群众拍手称快，纵队声威大震。

1934年9月，敌李成章部又以五个团的兵力，在木黄一线寻找红军作战。贺龙根据敌人的动向，命令冉少波率纵队向刀坝发起佯攻，然后回师木黄附近。红七师则作出向冷水推进之势，随后"败退"夕阳坝埋伏。红九师主力转移到火烧桥待命。李成章摆出与红军决战的架势，让一部占领木黄东侧的老寨，堵住红军往梵净山的退路，另一部向木黄两侧的地茶推进，争夺岩口坪制高点，企图对红军主力形成夹击之势。

贺龙趁敌人部署尚未就绪，命令黔东纵队立即接替红七师，坚守阵地，拖住向地茶推进的敌人。冉少波坚决执行命令，指挥纵队全体将士以主力红军的面目出现，向敌人发起猛攻，紧紧咬住敌人不放。李成章以为红军主力被包围，命令各路人马向夕阳坝增援。战斗异常激烈。这时，红军乘机向敌迂回。红七师抢涉木黄河，越过岩口坪，占领将军山高地。红九师则从火烧桥驰援抢占观音山。进至地茶的敌人，发现被红军包围，便猛扑将军山，企图夺回制高点，但为时已晚。红七、红九师以逸待劳，向敌人发起反冲击。黔东纵队也猛烈地突击敌人，打得敌人溃不成军，官兵不能相顾，各自夺路逃命。战后，红七、红九师的同志说："纵队打得真不赖，像红军主力的样子。"红三军首长也称赞冉少波打仗顾全局，配合主动，很有独立指挥的能力。

五

1934年9月,湘鄂川黔革命军事委员会决定,将黔东纵队与各独立团和部分游击队合编为黔东独立师,任命贺炳炎为师长,冉少波为副师长,熊仲卿为政委。黔东独立师的组建,标志着黔东纵队向正规红军迈进了一大步。

10月24日,红二、红六军团胜利会师(红三军恢复"红二军团"番号)。黔东独立师编入第二军团。同时,成立中共黔东特委。重新组建独立师,坚持黔东苏区斗争。冉少波被调到红二军团司令部任参谋,协助任弼时、贺龙工作。他经常到部队、到战斗的第一线调查研究,为军团首长出谋献策,在红二、六军团胜利东进和发起湘西攻势的战斗中,作出了积极的贡献。

红二、红六军团在军事上的胜利,有力地牵制了敌人,配合了中央红军在湘黔地区的行动,同时,开辟了永顺、大庸、龙山、桑植为中心的湘鄂川黔革命根据地。1934年12月,中共湘鄂川黔省委、省军区,在永顺县塔卧镇创办了中国工农红军学校第四分校。冉少波被调入该校后任军事教官。

在红校期间,冉少波身教重于言教,手把手地给学员传授军事知识,尽心尽力培养人才。他特别注意加强自身的学习,努力提高政治思想水平,为学员们作出了榜样。然而就在他将自己与革命事业融为一体,准备大显身手的时候,于1935年4月在湖南永顺塔卧被秘密杀害,年仅34岁。

由于历史因素,半个世纪以来,冉少波一直没有得到公正的评价。但人们并没有忘记他的功绩,全国人大常委会副委员长廖汉生,以及和冉少波一起战斗过的红军战友,多次发表文章和讲话,阐明冉少波的战斗功绩和被错杀的历史事实,要求予以平反。1987年7月24日,中共贵州省委作出决定,给冉少波平反昭雪,恢复政治名誉。

第三章 黔东北革命故事和人物

武陵山高乌江长，烈士英名传黔乡。黔东人民永远怀念自己的优秀儿子——冉少波。

> **知识卡片**
>
> 黔东革命根据地历史题材影片——《喋血神兵》
>
> 《喋血神兵》（原名《黔东烽火》）是国家广电总局电影频道节目制作中心出品的大型革命历史题材影片，集中反映了中国工农红军第二军团（红三军）从湘鄂西转战千里来到黔东革命根据地以及在黔东革命根据地所发生的革命事件的整个过程。故事主线讲述了在黔东北部地区有一支由女首领"冉大脚"招募穷苦百姓组建的队伍，为反抗反动军阀恶霸的残酷统治，杀富济贫伸张正义被当地老百姓相传为"黔东神兵"。"黔东神兵"也引起了红军的高度重视，红军决定拯救和保护这支农民武装，使其免遭被"剿灭"的厄运。各方势力明争暗斗，形势艰险复杂，红三军主力部队和各路"神兵"与反动军阀展开了一场惊心动魄的惨烈战斗。

五、严希纯

严希纯，原名严俦，又名严绍彭，贵州省印江县人，是清末著名书法家严寅亮的第三子，是贵州省最早的共产党人之一，也是黔东第一个中共党员。

严希纯幼时随父行走，曾就读于成都第一小学，1914年随父返黔，考入省立贵阳模范中学。1922年9月考取南京河海工程专门学校水利工程系，

▲ 图3-39 严希纯

这期间,结识了恽代英、萧楚女等共产党人,在他们的影响和带动下,积极从事革命活动,1922年光荣加入中国共产党,并成为中共河海支部成员之一,和曹壮父、宛希、曹剑诚、陈君起等人一起领导开展党的工作。

1925年5月,严希纯和恽代英、萧楚女等一起组织了南京各界人士声援"五卅"运动的斗争。6月,他参与组织领导了南京英商和记洋行工人的大罢工,以"工会筹委会"的名义,向英商提出惩办凶手等十三项复工条件。

1926年4月,严希纯大学毕业,随即投入北伐,任国民革命军第八军第二十二团党代表。此间,严希纯结识了周逸群,并在他的引荐下,拜访了周恩来和邓颖超。在周恩来、朱德等人的直接领导下,先后以中法大学专修科讲师、上海工务局技佐、桂林科学印刷厂秘书、昆明煤炭公司工程师等身份在所属地方从事工人运动,开辟新的革命战线。

除从事工人运动外,有着丰富统战经验的严希纯,在隐蔽的情报战线上也有出色的贡献。1930年同盟会元老莫雄被宋子文委任为财政部巡视员,通过莫雄旧部刘哑佛的介绍,严希纯、项与年、华克之等人与莫雄密切往来,莫雄感到他们是朝气蓬勃、革命精神充沛的人,因此非常倾慕共产党,想请严希纯作入党介绍人。

对于莫雄曾提出过的入党要求,严希纯经请示,向莫雄回复了组织意见:"你在国民党中资格老,社交广,为方便工作起见,以暂不参党为宜。"

严希纯是莫雄倾向进步、为党工作的主要领路人,并实际上起到了莫雄与共产党之间沟通的桥梁和纽带作用。1932年10月至1934年6月,严希纯在上海市工务局任技佐。在此期间,他与卢志英(中共党员)一道帮助莫雄恢复了同蒋介石的关系,使莫雄先后获得蒋委以江西德安、贵州毕节两行政督察区专员兼保安司令的职务。莫雄在两地专署大量任用共产党人,使之成为共产党获取重要情报的来源。在第五次"围剿"之前，莫雄将获取的蒋介石《铁桶合围计划》派人设法送到瑞金，从而使红军在敌人铁桶合围之前跳出包围圈。

1935年4月，严希纯到江西南昌工作，以育民诊所为联络点，积极营救方志敏，接着又担负中革军委的交通联系工作，给中央军委卢志英转送情报，协助红二、红六军团顺利通过毕节地区，此后，严希纯进入上海市公安局防护团任教官。

1940—1945年，在周恩来和中共中央南方局的领导下，以"重庆工业合作协会"专员、工程师的名义，严希纯从事党的经济工作，积极开展抗日救亡运动。

抗日战争胜利后，1947年3月至1948年5月，严希纯转任香港大千印刷厂经理，同时任中国致公党秘书长。1965年因病逝世。

岁月峥嵘，初心不变。革命先辈的英雄故事是永不熄灭的精神火炬，赋予人们强大的精神力量。他们的精神永远熠熠发光，激励着广大干部群众努力在新时代展现新担当新作为，走好新的赶考之路。

六、严竞成

严竞成（1900—1982），字钝，贵州省印江县人，黔东早期中共党员之一，是印江抗日宣传活动家和早期知名教育人士。

1923年在贵州省立师范学校读书。

1925年参加黔军王天培部，后编入四十三军李晓炎部，1928年转入南京保安部队。

1929年5月进入南京晓庄师范学校工作。

1931年加入中国共产党。

1936年，严竞成回到印江，先后以城关标校教员、缠溪小学校长的公开职位作掩护，向青年学生宣传和灌输革命思想，用

《我理想中的社会》等命题作文启发、教育学生，激发爱国热情。

严竞成在缠溪小学办了一个补习班，以六年级几个比较进步的学生田儒璧（即思基，著名评论家）、杨启义（侨居缅甸）、杨凤华、杨启国、杨锡爵等为基础，组织了一个"苏联之友社"，并将他们作为发展对象。在校外，他和学生畅谈国内外形势，讲解什么是"德意日轴心"、什么是"人民阵线""法西斯阵线""马德里保卫战"和"九一八"事件以及红军呼吁爱国、全面抗日救国的思想，等等。在校内，则辅导学生读鲁迅的书、蒋光慈的小说，分析西班牙内战的原因，还为学生讲红军的故事。

不久，严竞成调县城开办图书馆，国民党为了监视他的活动，把图书馆设在县党部院内，严竞成认为这是进行宣传活动的最佳场所。在这里，他订了不少进步书刊，如《烈士诗抄》《新华日报》《大公报》、苏联革命小说《铁流》等，暗地里借给青年学生传阅。同时，定期帮助学生分析形势，宣传抗日爱国主张，辅导他们读书和写日记。

抗日战争前夕，严竞成受党组织的派遣回贵阳拟建抗日宣传据点，因形势突变未果。经党组织同意，回家乡开展革命活动。

1937年，抗日战争爆发。严竞成又到印江文昌阁师资训练班任教导主任。为宣传抗日，他与中共思南地下党的创始人肖次瞻联系，弄来了许多进步书刊，开办了图书借阅处，还组织了一个10多人的话剧团，向广大群众进行抗日宣传。他参与演出了《木兰从军》《一个铜元》等进步戏剧，教唱《义勇军进行曲》等歌曲，亲自登台演出《锄头舞》，唱道：

手把（个）锄头锄野草（呀）

锄去（了）野草好长苗（呀）

呀嗬嗨　　呀嗬嗨

锄去野草好长苗（呀）

呀唷嗨　　衣呀唷嗨

天生孙公作救星（呀）

唤起（了）锄头来革命（呀）

衣呀唷嗨　　呀唷嗨

想要翻身靠锄头（呀）

锄头底下有自由（呀）

衣呀唷嗨　　呀唷嗨

锄头底下有自由（呀）

呀唷嗨　　衣呀唷嗨

他的生动表演博得了观众的掌声和喝彩，借此机会又向广大群众进行抗日宣传，激励了民众的爱国抗日热情。在一次纪念周演讲会上，他登上讲台慷慨激昂地说："今天是日本帝国主义侵略东三省、打进沈阳的一天，我们东三省同胞遭受日本侵略者大肆屠杀的一天，这是我们中华民族的深仇大恨。我们应该向死难的同胞和勇敢抵抗而牺牲的爱国英雄致哀……"广大群众和青年学生听了他的话，发出了一致对外、坚决抗日、为死难烈士报仇的呼声。严竞成还利用巡视员身份视察学校的机会，走访了红军经过的黔东地方，激励原苏区人民的革命热情。

1938年6月，因身份暴露，党组织安排严竞成转移至湖北武昌参加"抗战教育研究会"。1939年后，他先后担任新四军四支队政治部印刷厂股长、民运科长，淮南、津浦路西各县联防办事处宣教科长，继续从事抗日宣传活动。

新中国成立后，严竞成先后在南京中华女中、南京东方中学、南京教育局、南京市教师进修学院任职，编有《教工之歌》《儿童通讯》《幼儿教育心理》等刊物。

七、钟团长

1934年夏，由于敌人的封锁，印江独立团的同志们补给告急,喻家岩游击大队大队长杨银山组织队员打给养。在土豪任保长家,年轻的游击队员敖茂臣按照大队长的吩咐,拿过一个口袋装上米,高高兴兴地扛回驻地,准备和大伙儿煮一顿香喷喷的米饭吃。正在此时,集合号吹响了,团部通知把打得的给养带上紧急集合。团长钟文习脸色铁青站在队伍面前,说道:"有人打给养的时候乱拿老百姓东西,现在把你们的给养放在面前检查。"钟团长陪着一位新媳妇打扮的女子在行列中逐人检查,检查到敖茂臣面前,女子指着面前的口袋说:"这口袋是我的,里面还有一段青布,一床被单里包着一对银镯子。"敖茂臣被架出队列,要他交代布匹镯子的去向。摸不着头脑的敖茂臣大呼冤枉,急不择言地解释是奉大队长命令拿口袋装的米,没有其他东西。钟团长见他抵赖,准备执行纪律处罚,两把明晃晃的马刀架在他的颈窝。正在此时,大队长杨银山匆匆赶来,向团长证明是他捡到口袋并交给敖茂臣装米的。钟团长仍不相信,对着排列得整整齐齐的队伍说:"该不该杀,大家举手表决。"看着一排排高举的手臂,敖茂臣绝望地闭上了双眼。不料队伍中一阵骚动,他睁眼一看,二支队长代老二被抓了起来,自己也被松了绑。

原来,当天一早,钟团长接到一名女子告状,说她家是贫农,被人打给养拿了陪嫁的财物。钟团长暗中布置人查找线索,得知代老二曾带人在那一带打给养,便不动声色,安排下这一出"苦肉计"。就在举手表决的时候,代老二手上露出了亮闪闪的银镯,布匹等物品也从他那里搜出。事后,钟团长语重心长地对敖茂臣说:"我们虽然困苦艰难,决不能袭扰贫民。打给养一定要注意纪律,不然怎么死的都不清楚,因为我们红三军的纪律太严了。"

(摘编自:《血脉史诗》,中共铜仁市委党史研究室编;原作者:彭辉)

下课了,晒一晒你学的知识吧!

1. 木黄会师有什么重要的影响?

2. 阅读下列材料:

1990年11月15日,全国政协副主席、原红六军团总部秘书长王恩茂重游红二、红六军团会师地木黄。王老情不自禁地说:"太有意思了,木黄当年两军会师地,有它的重要意义,两个拳头合在一起,牵制敌人,保存实力,以利再战。木黄是个好地方,当年会师时,老百姓给我们粮食吃,对我们可好呀!当然与红二军团贺龙、夏曦、关向应等同志在这里分不开。因此我们红六军团到这儿工作比较顺利。"

请结合这段话谈谈你的感想。

第四节 石　阡

> 甘溪战役发生于1934年9月，是红六军团西征途中最为惨烈的战斗。
>
> 甘溪战役中，红六军团先头部队红四十九、五十、五十一团牵制了湘、桂、黔敌军主力，减轻了中央红军的压力，达到了与红三军胜利会师的预期目的，有力地配合了红一方面军进行长征，完成了作为长征先遣队的光荣使命。

一、"石阡会议"：实事求是勇创奇迹

1935年10月，中央红军长征历尽艰辛胜利到达陕北后，湘鄂川黔革命根据地遭受了敌人更大规模的"围剿"，为保存实力，根据中革军委的指示，红二、红六军团决定向贵州的石阡、镇远、黄平方向战略转移，相继建立石镇黄（石阡、镇远、黄平）根据地。为达此目的，两军团领导集体决定在湖南新晃县组织"便水战役"给予尾追敌军以沉重打击。1936年1月5日，便水战役打响，但敌军仅小股进入伏击圈，未能实现原定作战目标，红二、红六军团于是进入黔东玉屏县境，组织了田心坪战斗，红十八师在江口县磨湾胜利归建，于1月10日进入石阡县城。红六军团虽然损失较重，但牵制了湘、桂、黔敌军主力，减轻了中央红军的压力，达到了与红三军胜利会师的预期，有力地配合了红一方面军进行长征，完成了作为长征先遣队的光荣使命。同时，它还在石阡播下了革命的种子。

1936年1月19日，贺龙、任弼时、关向应、萧克等人在天主教堂召开了一个重要会议，史称"石阡会议"。会上分析了敌我

▲ 图3-40 石阡天主教堂

态势以及地形条件,决定放弃在石阡、黄平一带建立根据地的原定方针,作出在有群众基础较好、敌人统治力量相对薄弱等有利条件的黔(西)、大(定)毕(节)地区建立新的根据地和战略部署。

"石阡会议"确定了坚持在长江南岸开辟新根据地的战略方针,为红二、红六军团的下步行动指明了方向。在长江南岸活动的总方针确定后,鉴于之前的战斗失利及贵州山区的复杂,会议强调,继续向西移动的同时,要落实"在广大地区进行运动战"的军事作战方针,强调"在保持在长江南岸活动的原则下进行运动战,创立暂时根据地,准备在时局大变动时再从东向湘黔边转移"。因此,"石阡会议"后的两个多月里,红二、红六军团的中心目标是在云贵川创建新的革命根据地。红二、红六军团上下充满了"保持在长江南岸活动,决定在长江南岸活动"的信心和斗志，在艰苦环境中屡创敌军，红军有生力量不仅未削弱，而且吸入新生力量有新的发展，胜利之师犹如滚滚洪流挺进乌蒙山区的毕节，开创了黔大毕（黔西、大定、毕节）革命根据地，成立了川滇黔革命委员会，创造了又一个新的奇迹。

（铜仁日报记者　张勇，参考中共铜仁市委党史研究室史料整理）

二、困牛山战斗

1. 血染困牛山　九死犹未悔

青山历历，碧水悠悠，佛顶山下，浩气长存。1933年9月至1934年夏，中央红军第五次反"围剿"屡战失利，苏区日益缩小，形势日趋严重。1934年7月23日，红六军团从湘赣苏区到湖南省中部发展游击战争，创建新的革命根据地，并同贺龙率领的红三军取得联系，策应中央红军战略转移。8月7日，红六军团9700多人，从江西遂川出发，开始西征。

10月7日，遵照中革军委电令寻找红三军的红六军团在四周险峻、群山环抱的石阡县甘溪乡遭遇桂敌，并在战斗中陷入湘、桂、黔三省敌军24个团的三面合围。仓促应战中，红六军团被敌军截为三段，伤亡极为惨重。仅"坟坡"一处，就有数百名红军指战员英勇牺牲。

甘溪遭遇战，红六军团从出发前的9700多人锐减到3300余人。后来，军团长萧克在回忆起甘溪战斗时，十分痛心地说："甘溪战斗，一经忆起，心胆为之震惊，精神为之振奋！"

佛顶山间，松涛狂啸，那是甘溪红军战士奋勇杀敌的冲锋号。黑滩河里，流水呜咽，这是困牛山100多名红军战士集体跳崖的挽歌。困牛山战斗是甘溪遭遇战的继续。甘溪战斗失利后，为保证军团主力顺利南撤，红十八师师长龙云和五十二团团长田海清率800余战士于10月16日突破关口，改道向西走十二山去川岩坝困牛山的大路，将全部围堵之敌引向川岩坝的困牛山。

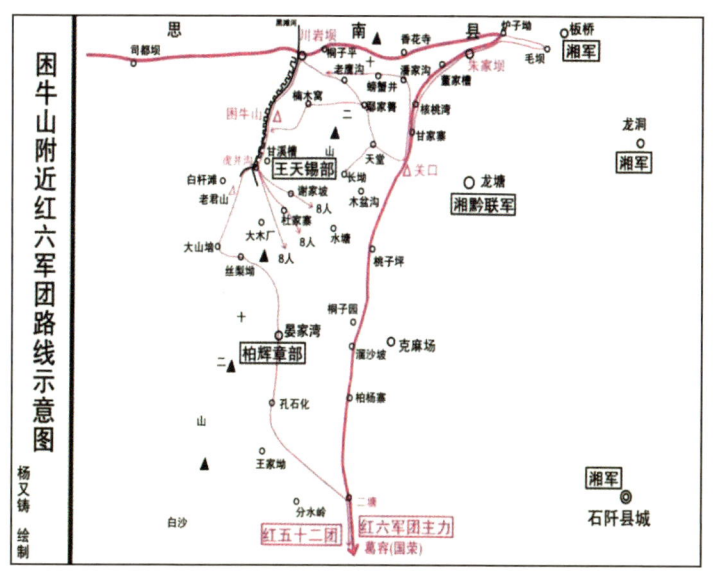

▲ 图3-41　困牛山附近红六军团路线示意图

困牛山地形险恶，三面临河、两面悬崖峡谷、四周高山环绕，当地百姓上山放牛，只需要守住上山的路口便可，因此地势命名"困牛山"。面对数倍于己的敌军，红军连续激战了两天两夜，仅存的400余名红军将士又误食了桐油拌饭而拉肚子，疲乏至极的红军战士只能且战且退。狡猾的敌人裹挟当地百姓混在一起，见红军不打穿百姓衣服的人，便胁迫他们走在前面，战况极为不利。师长龙云率200余人顺河谷突出了重围，团长田海清在掩护过程中壮烈牺牲。最后阻击敌人的100余名红军战士被一步步逼到虎井沟的悬崖边，前有强敌，后是深渊，弹尽粮绝，在生与死的抉择中，红军战士宁死不当俘虏，宁死不伤百姓，毅然折断枪支，纵身扑向悬崖！那些鲜活璀璨的生命啊，那些如花儿一般灿烂的生命，就此消失在云遮雾罩的深山峡谷里，消失在哗哗的流水间……用他们年轻的生命与热血，谱写了长征路上惊天地泣鬼神的壮举！

16岁的号兵何步荣因为个子小,又拉肚子,浑身没劲,跳下悬崖时被一根藤缠住,树藤救了他的命。等敌人散去,第二天天快亮时,他抓着藤从虎井沟爬出来,把身上的军号和马灯藏起来,沿着黑滩河往外走,走到水井坳后被土匪抓住,要杀害时被当地人黄承会保了下来。后来何步荣被龙塘马场溪人陈国善收养,改名陈世荣,一直生活在当地,为救命恩人、义父陈国善养老送终。据陈世荣的儿子陈德昌回忆:"父亲告诉我们,当时连长喊'把枪扔下去,我们跳崖突围,决不能把枪留给敌人!'"

师长龙云和部分突出重围的战士,一边与敌军作战,一边追赶主力红军,转战至岑巩县龙田镇沙子坡一带时,仅存的数十人也在战斗中牺牲了。龙云受伤不幸被俘,被辗转押解贵阳、长沙、武汉等地,最后英勇就义。红十八师五十二团以几乎全部阵亡和失散的惨重代价,拖住了围追堵截之敌,确保了红六军团指挥部及主力部队的安全突围,并于10月24日与红三军在印江木黄胜利会师。

岁月峥嵘惊巨变,春风杨柳换人间。如今,红军长征已经过去了整整90年!在中国革命最危急的关头,中国共产党领导人民和人民军队克服一个又一个困难,从一个胜利走向另一个胜利。正如习近平总书记所说:"归根到底在于心中的远大理想和革命信念始终坚定执着,始终闪耀着火热的光芒。"这就是"革命理想高于天"。心中有信仰,脚下有力量,凭借理想信念,红军终于走向胜利。

2. 百名红军宁死不做俘虏,用生命捍卫人民至上

1934年10月,红六军团行进到贵州石阡,一场悲壮的战斗在困牛山打响。百余名红军战士宁死不做俘虏、宁死不伤百姓,做出纵身跳崖的壮举,谱写了一段鲜为人知的感人故事。

困牛山三面被河谷包围,山体狭长,地势险要。在这里,我们找到了跳崖幸存红军陈世荣的后人。

陈世荣的女婿覃智学："这支（军）号是我岳父，从井冈山出发一直到困牛山战役（战斗），把枪都砸了，他这支（军）号还（抱）在胸前，一直留着。"

△ 图3-42 老红军陈世荣新闻报道图

1934年8月，陈世荣跟随红六军团离开湘赣苏区，开始西征。当进入贵州石阡境内时，部队陷入国民党24个团的包围中。10月16日，为粉碎敌军的围追堵截，十八师师长龙云决定带领五十二团的800多人，用自身当诱饵，将敌人引到军团主力转移的相反方向。

贵州省石阡县档案局原副局长杨又铸："就把围追堵截的敌人全部拖住了，军团主力安全突围了。到了困牛山过后，（断后部队）就只剩下四百多人。"

在困牛山，红军组织了多次小规模的突围，伤亡惨重，最后还剩下陈世荣等百余名战士坚持战斗。而此时，敌军居然把当地老百姓推到最前线，充当挡箭牌。

贵州省党史研究室副主任覃爱华："当时国民党的追兵和当地的反动民团，他们欺骗老百姓，说红军是要杀老百姓的。另外一个是胁迫，就是把老百姓绑架起来、抓起来。"

眼看着敌军赶着老百姓一点点靠近，红军战士无法把枪口对着他们继续战斗。面对步步紧逼，陈世荣和战友们退到了山坡的尽头，那是一处数十米高的断崖。退无可退，但与敌人拼命又会伤及百姓，怎么办？

陈世荣的女婿覃智学："他们连长喊，就向大家下了命令，先把枪扔下河，枪也不能留给敌人，人也不能给敌人（抓住），全部跳崖。"

战士们砸烂了手里的刀枪，义无反顾跳下了山崖，用他们宝贵的生命，换来了8天后军团主力的成功会师，也谱写下长征中惊天动地的英雄壮举。

贵州省石阡县困牛山村村民张国玉："后来第二天他们（百姓）就悄悄爬下去看，河沟里的水都还是红的。我家曾祖谈起的时候，一直哭、流泪。"

在跳崖过程中，有十多位战士被树木拦住幸存下来，陈世荣就是其中之一。村民把他收养在家中，认作亲人。陈世荣也隐姓埋名，把军号藏到了山谷。2001年，陈世荣老人在石阡安详离世，这把见证了困牛山血战的军号被红军长征在石阡陈列馆保存。

贵州省石阡县档案局原副局长杨又铸："作为军人，宁死不伤百姓，就只有我们红军能够做到，就只有我们共产党领导的军队能够做到这点，这说明红军的伟大，也说明我们党的伟大。"

2002年，贵州省组织多名党史研究者，历时一年多调查考证，终于揭开了困牛山当年的那段壮举。百名红军英勇跳崖，用生命捍卫人民至上的故事将被永远铭记。

三、甘溪之战

1. 震惊心胆的甘溪之战

1934年夏秋之间,红六军团担任中央红军长征先遣队的任务,西征湖南。敌人以24个团的重兵,围追堵截,逼使红六军团在贵州甘溪打了一场遭遇战,部队损失过半。红六军团幸存者从血泊中爬起来继续战斗,历尽艰险,突破重围,终于在印江木黄地区与红二军团胜利会师。

1934年夏季,中央苏区和湘赣苏区第五次反"围剿"严重失利。7月23日,中革军委发来电报,命令红六军团退出湘赣革命根据地,到湖南中西部去建立新根据地,并向北与红二军团(时称红三军)取得联络。电报还委派任弼时同志为中央代表,随军行动;萧克同志任红六军团军团长兼十七师师长,原湘赣军区代司令员王震改任红六军团政治委员兼十七师政委;组成以任弼时为主席,萧克、王震为委员的军政委员会,为红六军团西征行动的领导机关。电报规定六军团一切行动准备工作,限定8月中旬完成。

由于敌情变化,军团经请示中革军委同意,决定提前行动。8月7日,全军团9700余人,在任弼时、萧克、王震等同志率领下,从遂川的横石和新江口地域出发,踏上了西进的征途。为了不过早暴露我军行动,突围点选在我军南面的粤军和湘军兵力薄弱的接合部。7—11日,我军连续突破敌人在衡前和五斗江之间的内层封锁线,将遂川至黄坳、遂川至七岭、寒口到广东桥的封锁线逐一突破,胜利地突破了敌人战役包围的全部纵深,进入桂东以南的寨前圩。12日,红六军团领导机关正式宣布成立。我军的胜利突围,使湘、桂两省军阀大为恐慌,为了不使红军深入自己境内,他们调动兵力全力追堵,敌情越来越严重。在我军突进湘南后,湘军十五、十六、十九师,独立三十二旅,补充第一、第二纵队,桂军第七军之十九、二十四师,粤军余汉谋部和各地保安团队,向我军蜂拥而来。他们一面利用交通运输的有利条件,频繁调动部队,一面为了造成我军行动困难,将群众强迫集中,控制粮食,封锁桥梁道路,对我军形成前堵后追、两翼夹击之势。在这种情况下,全军团时而灵活机动、迂回曲折地穿插于敌人重兵之间,弄得敌人扑朔迷离,疲于奔命;时而以猛烈的动作向敌人薄弱地区突击,使敌军改变部署,仓促调动,造成新的空隙,我军又以突然行动,迅速摆脱敌人。在不长的时间内,我军五次跳出敌人的包围圈,顺利地渡过潇水、湘江、清水江、大沙河等险阻,在敌人重兵的围追堵截中开路前进。

在我军袭占通道县城后,敌人判断我军将向西北方前进,去黔东与红二军团会合。为此,湘、桂、黔三省敌军在镇远召开了紧急会议,制订了一个联合作战计划,阻止我军去黔东。10月4日,我军到达距乌江只有几十里的瓮安县猴场。不久,军团部接到中革军委电报:"桂敌现向南开动,据谍报称:二军团部队已占印江。六军团应照军委一日十三时半电令,速向江口前进。无论如何你们不得再向西移。"遵照军委命令,5日我军从猴场调头向东北前进,准备经石阡到江口,与在黔东的红二军团会师。这时桂敌不仅没有离开,而且和湘敌一起,按照三省紧急军事会议决定,正星夜向石阡调动。湘、桂、黔三省敌军采取南边压、西边堵、左右两边夹击的战术,企图将我军消灭在石阡地区。

生死搏斗

10月7日凌晨,红六军团按十七师、军团部、十八师的序列向甘溪前进。五十一团是前卫团,第三营为前卫营。走在队伍最前面的是团侦察班、营尖兵排。军团参谋长李达和团参谋长马赤,分别随五十一团团部和三营营部行动。

九点多钟，第三营进入甘溪镇。镇里看不到一个人，不明真相的群众已经跑光了。部队没有进入群众家，只是隐蔽在土墙边休息待命。团侦察班、营尖兵排在镇外向石阡方向观察警戒。我军后面的大队人马在甘溪到官庄十几里长的山路两旁，就地休息。在当天的行军途中，军团总部还询问了往来的邮差，说是石阡没有敌军，从邮差带来的报纸上，也没有发现敌军在石阡地区活动的迹象和线索，因而疏于戒备。实际上，当我军东进的同时，桂军第十九师正经石阡以南的白岩河向甘溪前进，寻找我军作战。

进入甘溪后，我军侦察班、尖兵排在镇外观察。约半小时许，忽然发现镇东北通向石阡县城的大路上，有三个穿黄色上衣和短裤的人，身后跟着一条狗，两前一后朝镇里走来。三营周仁杰一看可疑，立即传令部队注意隐蔽，并派出两个大个子便衣侦察员，夹着雨伞，装扮成保甲长的模样，笑着脸儿迎上去，打着手势表示欢迎。我军侦察员靠近他们时，果断地一人挽挟一个，走在后面的一个敌侦察兵见势不妙，带着狗扭头就跑。这两个家伙被带到镇边，经周仁杰与马赤同志审问，才知道他们是桂军十九师派来的侦察员，敌人正向甘溪进发。情况十分紧急，周仁杰一面派人将这一情况与"舌头"（指敌俘虏）立即送团部，一面命令两个连沿镇边土墙散开，重机枪排配置侧翼，另一个连上后山占领青龙嘴前沿的无名高地。部队进入阵地后，一边作战斗准备，一边吃随身携带的午饭。不一会，敌先头部队出现了，敌距周仁杰四五百米处，中间有一条300多米宽的垅坝；靠敌人那一面有一条干河，敌部利用河堤作掩护，沿着干河道隐蔽地向周仁杰方接近，另一部沿着干河道，向我军左翼侧后的兄弟团和军团部方向运动。十一时左右，桂军十九师主力陆续赶来，先后占领了镇东的寨面坡、镇东北的白虎山高地，控制了镇北群宝山高地。

十二时左右，敌军依托占领的山头、河堤，凭借火力上的优势，在轻、重机枪掩护下，约有一个营的敌军向我军正面发起进攻。周仁杰让营通讯班刘班长通知前沿连队，要沉住气，等敌人靠近时再猛揍。待敌进到离我军阵地五六十米时，周仁杰举起驳壳枪，喊了声"打"，霎时，红六军团的重机枪、步枪、花机关枪吐出条条火舌，面前的敌人倒下了一片。进攻中的敌人受到我军突破打击，纷纷掉头退回干河堤后面。

当打退敌人试探性进攻以后，周仁杰利用战斗间隙，调整了部署，留一个连和一挺重机枪坚守前沿阵地，其他两个连和机枪排移至后山青龙嘴前沿的无名高地，抓紧时间挖掘工事，扫清机枪射界。不一会，敌人发动了第二次进攻。这次敌军兵分两路，一路仍从正面向我军攻击，一路从白虎山、寨面坡之间的干田，向我军营阵地侧翼发起进攻。进攻的敌军在军官督战下，端着枪，猫着个腰，嘴里还不停地嗷嗷吆喝着，向我军阵地猛扑过来。即刻间，枪声像爆锅似的响了起来，我军阵地前子弹横飞，硝烟弥漫。战士们沉着应战，当敌人靠近时，才集中兵器开火。不一会，接连打退了敌人几次冲锋。进攻的敌军在白虎山、寨面坡这两个高地的火力掩护下，渐渐逼近我军前沿阵地，有一部分敌军占据了我军阵地右翼村落一角，如果这部分敌军以此向前延伸，我军前沿阵地将受到很大威胁。周仁杰立刻叫侯副营长带一个连队，趁敌立足未稳，组织一个反击。经过几次争夺，终于把敌人赶了出去。此时我军五十一团已全面展开，二营接替三营右侧阵地，三营集中于青龙嘴前沿无名高地正面防御，团部和一营在青龙嘴、老鹰岩一线展开，全团摆开了三角形纵深防御阵势。当三营战斗一打响，四十九团立即进入甘溪左侧高地展开，红六军团这两个在长期血与火的战斗中结成亲密友谊的兄弟团队，又一次并肩战斗，共同抗击敌人的进攻。

三营集中于无名高地后，战士们抓紧时间构筑工事，周仁杰问教导员，团部有什么指示，教导员说没联络上。红六军团把侯副营长找来，简短地交换了意见，红六军团都感到这次遭遇战形势严重，恶仗还在后面。周仁杰说："红六军团正面一定要顶住，这样就能为兄弟部队加强防御和掩护军团大部队转移赢得时间。在今天，红六军团多顶一小时，哪怕是多坚持几分钟，都可称得上生死攸关，宁可自己牺牲，也要保证大部队突围，没有命令，谁也不许撤。"然后红六军团几个营领导分别到各连队指挥作战。敌人两次从正面进攻遭到失败后，又派出一部分兵力沿着干河道，从群宝山山脚下向西南我军团纵深迂回运动，主力仍留在我军对面。阵地上一时间寂静得很，空气中仍弥漫着呛人的硝烟，战士们圆睁着双眼，注视着敌人一举一动。敌人架在河堤上的重机枪又疯狂地吼叫起来，更大规模的进攻开始了。这时只见从河堤后面爬出黑压压一片敌军，分多路向我军阵地蜂拥而来。红六军团与桂军是第一次交手，相互不摸底。他们的装备在地方军阀中比较精良，每班都配置一挺轻机枪，进攻时敌军几十挺轻机枪一齐扫射，火舌似飓风，从红六军团阵地上扫过，弹头落在阵地岩石上叮当作响。红六军团身后树林里的枯树干草燃烧起来，阵地上霎时间浓烟滚滚，火光闪闪，火药味呛得人都喘不过气来。红六军团机枪少，子弹也少，手榴弹大多是自制的马尾手榴弹，在山地树丛中，扔出去不是挂在树杈上，就是落在草丛中，不能落地开花。桂军大部是广西人，个头小，动作灵活，善于山地作战，战斗力较强，因而战斗进行得很激烈，打得十分艰苦。激战中，敌人曾几度占领我营部分前沿阵地。红六军团的战士打得非常顽强，他们时而投掷手榴弹，时而冲出去与敌人拼刺刀。受了轻伤的同志顾不上包扎仍坚持战斗，受了重伤的同志躺在那里帮着压子弹，不断打退敌人的进攻并夺回失去的阵地，真是拼刺刀见敌血。

这次战斗中，在机枪排阵地上，忽然从树丛中钻出一大群敌人，企图夺取我军机枪阵地。机枪排的同志甩出一枚枚手榴弹，当时周仁杰的驳壳枪子弹已打光，顺手捡起身旁牺牲了的战友的步枪，带着掩护机枪排的步兵跃出战壕，端起刺刀，怒吼着冲向敌群。顿时，枪声、手榴弹爆炸声、刺刀乒乓搏击声、喊杀声响成一片。经过几番血战，终于把这股敌人击退。红六军团的同志大多倒在血泊中，敌人的第三次进攻被打退了。敌人的三次进攻，不仅没有能够突破我军正面阵地，还在阵地前丢下了成百具尸体和扔下许多伤兵。敌人进攻刚停止，通讯员就跑来报告，教导员在反击敌人的冲锋中已英勇牺牲。这时，红六军团已没有时间去悲痛，有的只是对敌人的仇恨，为了保证军团主力安全转移，坚决做到人在阵地在，机枪排朱排长告诉周仁杰子弹已不多了。周仁杰命令各阵地清点人员，收集子弹，加固工事，把重伤员和没有子弹的重机枪先撤出阵地。敌军从正面难以突破，即以主力分两路向龙骨屯和泥东坳迂回，留下一部分敌军与我军对峙。不多久，甘溪镇西龙骨屯方向枪声大作，我军正面敌人的轻重机枪也猛烈射击，渐渐枪声就稀疏了。显然，这是为了配合敌主力向我军纵深进攻而牵制红六军团。此后，敌我双方处于对峙状态。

▲ 图3-43 甘溪红军烈士纪念碑序

下午五点钟左右，军团部的参谋找到周仁杰，传令撤退。这时，只有龙骨屯和老车土方向枪声仍很稠密，这是红校、五十团在阻击敌人，掩护军团部转移。周仁杰直到此时才得悉，军团参谋长李达早已率四十九团、五十一团的两个团部和机枪连向东南的大地方转移了。这一仗，我营伤亡二百余人，但给军团主力机动赢得了宝贵时间。红六军团掩埋了牺牲的战友，把重伤员安置在甘溪东南尖峰山鞍部地带，分批撤出阵地。我营由前卫变后卫，带着轻伤员，从容地向东南方向撤退。1983年周仁杰重返甘溪，才知道这些重伤员在敌人搜山时，有的被敌人残酷杀害，有的跳崖壮烈牺牲。

突破重围

在红六军团后撤途中，军团部派来一个联络参谋告诉红六军团，军团政委王震同志率部队向大地方转移，叫红六军团追赶。红六军团估摸着军团部行进的方位，翻山越岭，继续前进。这一带崇山峻岭，山上的树木杂草，密得使人迈不开步，只有用手扒脚踩，才能开辟出前进的路来。也不知道走了多少路，翻越多少山，半夜时分爬上了一座大山的山腰。这山很高很险，山腰以下是弓形石壁，山腰到山顶是断崖峭壁，在弓形石壁与峭壁之间，只有一条勉强能站住脚的窄"路"，这是翻过大山的唯一通道。在窄"路"这边的山坡上，红六军团惊喜地发现不少行军担子和一群牲口，茂密的灌木和齐腰高的杂草，还看得出踏倒、折断的痕迹。红六军团判断军团主力是从这里转移的，于是，就沿着这条窄"路"，小心翼翼地前进。这是一场磨炼人的意志的特殊战斗，从10月7日十二时起，红六军团与敌人血战5个多小时，又连续行军七八个小时没有休息，没有吃饭，大家饥饿疲劳得很，每移动一步，都要花费很大气力。待红六军团翻过这座大山，已是8日的早晨。耀眼的太阳光穿过浓雾，使红六军团更加疲乏。不一会,来到大地方镇西南十多里的中地垅。部队已极度疲劳,刚一停下来休息,同志们顾不得饥饿,就倒在田埂上睡着了。周仁杰也打了一个盹,醒来时,只见一些战士正忙着做饭。因昨夜翻山时,行军锅都扔了,大家只好用面盆、瓮缸作炊具,用干粮袋里的剩米做饭,勉强吃了一个饱。吃完饭,雾气渐渐消退,红六军团看到前方不远处有部队,派通讯班去联络,才知道军团总部就在中地垅。至此,红六军团和军团总部汇合到一起。

红六军团在中地垅一面休息,一面收拢失散的人员。由于四十九、五十一两团的团部都不在了,军团首长果断地将六个步兵营整编为一个团,任命刘钱贵为团长,冼恒汉为政委,周仁杰为团参谋长,其番号为四十九团。因红六军团三营减员数量大,就把原五十一团二营、三营合并成一个营。刚整编好部队,侦察员报告发现敌人从北面追来了。周仁杰奉命带一个营跑步赶到大地方镇,占领镇两翼高地,警戒石阡方向。下午二时,追敌来了,他们向我方阵地攻击,当时敌人数量不多,攻势也不猛,打了一阵就停了下来,双方对峙着。下午四点多,红六军团向中地垅撤退。红六军团一撤,追敌就跟进,红六军团一面阻击,一面撤退,直到天黑,才摆脱了这股敌人,去追赶军团部。这时,军团部和兄弟部队正在通过一个深山夹沟朝施秉转移。这个夹沟有二里多长,沟两边是又高又陡的悬崖峭壁,最窄的地方只能通过一个人,沟里水深过膝,沟底乱石、腐木很多。一不小心,脚就夹在石缝里拔不出来,部队行进速度相当缓慢。当大部队过夹沟时,追敌又跟踪而来。当时,五十团在夹沟外右侧山头担任掩护,周仁杰率部在沟口正面抗击。大部队通过后,红六军团进入夹沟,由于沟口地势十分险要,天黑沉沉的,敌人不敢进沟,停在沟口。此时,五十团进沟有困难,他们在完成掩护任务后,就顺着山坡,沿着山脊那一边撤退了。从此,五十团就离开军团部独自突围。红六军团出沟以后,留下两个连封锁沟口,担任警戒,掩护军团主力宿营。红六军团利用险要地形,又一次摆脱了敌人。

红六军团虽然暂时摆脱了敌人,但仍陷在湘、桂、黔敌军的包围、追击之中。为了突破重围,保存力量,力争迅速会师,军团首长采取灵活的游击动作,高度地调动敌人,率领十七师的新编四十九团和十八师的五十二、五十三团等部队,转战石阡、镇远、施秉、余庆等县。由于敌人封锁了交通要道,红六军团只好在深山密林的崎岖山路上行军,在悬崖峭壁上攀行。往往一天吃不上一餐稀饭,鞋破了,赤脚在山地上行走,日晒雨淋,备受艰辛,部队异常疲劳。14日又绕回石阡县本庄西北的乌江岩边闪渡。由于敌人防守严密,没有渡船,水势太猛,只好放弃渡江,掉头折向东南,经过朱家坝、国荣,再向甘溪方向转移。17日早晨,雾气蒙蒙,红六军团行进到核桃湾时,后卫十八师师直和五十二团,遭到了由板桥、石阡来的黔军袭击。这天四十九团行进在五十二团前面,总看不到五十二团跟上来。此时,萧克军团长来到四十九团,命令周仁杰率一个营就地占领阵地,接应十八师师直和五十二团,他同时派出侦察班去寻找,又让司号员用号调。萧克军团长等了很久,仍弄不清他们的下落,只好先回军团总部去了。萧克军团长走后不久,侦察班的同志回来了,报告没有联络上。红六军团又等了一会,见军团大部队走远了,仍没有消息,不得已只好追赶大部队去了。行进路上,路两旁山上的地主武装,不断地朝红六军团打冷枪。从此,十八师师直和五十二团再也没有回来。

夜幕降临,红六军团再次通过甘溪。从上次遭遇战到这次再过甘溪,前后相隔整整十天,红六军团在敌重兵围堵中兜了一个几百里的大圈子。这一次,红六军团没有走大路,而是横越石阡镇远大道,从甘溪镇北的山谷中穿过去的。因红六军团在后面接应五十二团，过甘溪时已快下半夜了。当红六军团穿过镇北的山谷，走到半山腰的时候，中央代表任弼时同志手拄木棍艰难地行走。在场的有任弼时同志夫人陈琮英同志，还有余秋里等20多名同志。当时，任弼时同志正患疟疾，病得很重，他不愿意影响部队赶路，又不忍让已极度疲劳的同志们抬他坐担架才掉在后面的。这时红六军团行进的左前方枪声很密，周仁杰心情很沉重，当即留一个排在任弼时同志行进的前方警戒，周仁杰带领部队朝枪声方向跑去。在石阡镇远大道上，遇到了红校副校长谭家述同志，他见周仁杰带着部队赶来，让周仁杰赶快上山接替红校的同志。那晚月光很亮，双方对峙的阵地看得很清楚。交接中周仁杰才知道正面的敌人是湘军独立三十二旅，企图阻挡我军突围。经过两个多小时的战斗，敌人未能冲上我军阵地。这时留在山下联络的同志报告说："弼时同志已走远了，路口收容了十几位掉队的同志。"听说弼时同志已走远了，周仁杰心里松了口气，命令部队分批撤下阵地，追赶主力。下山后，红六军团通过一条十多里长的人迹罕至的谷涧水沟，走出水沟天已大亮。水沟外面，是广阔的丘陵地带，村子很多。

　　至此，我军团主力历尽千难万险，终于突破了湘敌独立三十二旅防堵阵地，跳出了湘、桂、黔三省军队的重重包围，于10月24日在印江的木黄与贺龙同志率领的红三军（后即恢复"红二军团"番号）胜利会师。从此，红六军团就在贺龙、任弼时、关向应等同志的领导下，与红二军团一起，在中国革命最困难的时候，担负起创建湘鄂川黔革命根据地，策应中央红军长征的新的光荣任务。

　　从甘溪战斗到突围会师，是红六军团西征以来遇到的最严峻的考验。在没有根据地，敌我力量悬殊、四面重围、物质条件十分困难的情况下，经历了无数艰难险阻而突围胜利会师，着实是人间奇迹，也是我军团历史上罕见的壮举。

2. 甘溪战役：牺牲决胜勇当长征先遣队

甘溪战役是中央红军长征先遣队红六军团西征中著名的战事。萧克将军曾为石阡县甘溪红军烈士纪念碑题词："牺牲决胜勇当长征先遣队，浩气长存信是中华好男儿"。

1934年8月，红六军团9700多人，在军政委主席任弼时、军团长萧克、政委王震、参谋长李达率领下，作为中央红军长征先遣队从湘赣革命根据地突围转移。10月初，经湘桂进入贵州瓮安猴场，准备西渡乌江。此时，接到中革军委命令，红六军团决定改变行动路线，掉头过石阡经江口到印江。然而，桂军并未南移，敌人料到红六军团要与红三军会合，于是调动湘桂黔兵力共计24个团形成三面合围之势，企图将红六军团歼灭在石阡地区。而红六军团对此一无所知。

10月7日凌晨，李达率领的红六军团先头部队红四十九团、五十团、五十一团进至石阡甘溪。上午，红军前卫营到达甘溪集镇东街头，开始分配各部宿营地，埋锅做饭，部队准备在此休息，然后利用晚上进入江口。上午十时许，红军侦察员在街上擒获了敌侦探，才得知已遭遇桂敌主力。这时，敌兵陆续出现，战斗即刻打响。蜂拥而来的敌兵很快爬满了甘溪集镇周围的山头和高地。红军只能在街上利用房屋树木甚至桌椅板凳就地反击。红军部队被截为三段，首尾不能相顾。防守东街的红五十一团殊死拼杀，牵制敌军主力，红五十团迅速抢占了一高地，掩护四十九团、五十一团作战，此时，敌人已对红军形成居高临下之势，红军实施强攻外突，李达率部撕开了一个口子，六七百人突围出去。桂敌正面进攻受阻后，又企图侧击即将到达甘溪的红六军团主力部队。下午五时，红六军团主力部队在政委王震带领下，欲在茂密森林中从山间小路向外转移，大部人马在经过一笕槽时，不料笕槽腐朽负重突然断裂，桂军听到响声后开始疯狂扫射，红军伤亡惨重。当天，红五十团也得以撤出阵地。担任后卫的红十八师及五十二团、五十四团也得到命令撤出随主力行动。

面对敌军24个团的包围，为保存有生力量，军团决定分散游击，以便寻机突破围堵，通过石镇大道，与红三军会合。10月10日，军团领导人给中革军委发电，报告甘溪战斗的经过和不利处境，建议12日后由任弼时、萧克率十七师，王震率十八师，分两路纵队以灵活的游击方式行动。自此，红军在石阡、施秉、余庆、镇远四县边境的崇山峻岭中与敌周旋数日。

10月11日，李达率部在深山中数天之后成功突围，辗转在沿河竟奇迹般找到了贺龙。贺龙听说红六军团的处境后，立即派部队前去接应。红六军团主力于10月19日通过石江（石阡江口）大道，24日到达印江木黄，与红三军胜利会师。而红六军团出发前有9700余人，经此一战后已不足4000人。

甘溪遭遇战，红六军团虽然损失较重，但是牵制了国民党湘桂黔敌军主力，减轻了中央红军的压力，达到了与红三军胜利会师的预期目的，有力地配合了红一方面军长征。同时，它还在石阡播下了革命的火种。

图3-44　红六军团领导人群雕

四、陈世荣

"当兵就要当红军，处处工农来欢迎，官长士兵都一样，没有人来压迫人……"头发花白的陈德昌每当想念父亲陈世荣，就会轻声哼起这首中央苏区民歌《当兵就要当红军》。

陈世荣原名何步荣，曾在红六军团十八师五十二团任司号员。

1934年8月，奉中革军委命令，长征先遣队红六军团两个师6个团共计9700余人从湘赣根据地突围西征。陈世荣时年未满20岁。

▲图3-45　陈世荣

10月5日，红六军团5个团进入贵州省铜仁市石阡县，遭遇桂敌，被截为几段，陷入重围。16日，困牛山战斗打响。红十八师师长龙云和五十二团团长田海清率800多名战士断后，拖住敌军和地方民团。

困牛山山势南高北低，南、西、北三面黑滩河环绕，南端是虎井沟，靠着困牛山的悬崖长满杂草，最高处有70多米。陈德昌根据父亲生前所述回忆，红军刚上困牛山就发觉被设伏。师长龙云率200余人冲出重围。但凶残的敌人裹挟老百姓做"人墙"，逼向留在困牛山上的红军余部。本可杀出一条血路的红军不忍开枪，部分红军被逼至悬崖边。这时，连长让大家把枪甩下河去，一起跳崖。

许多村民亲睹了这壮烈的一幕。因为跳崖的红军太多，战斗结束后很长一段时间，黑滩河边都能看到红军战士的遗骨。"我父亲说，跳崖是在下午，他知道崖很深，但不愿做俘虏，宁可跳崖。"陈德昌说。

陈世荣跳下去后被藤缠住，捡回一条命，后被当地人收留救治，定居马槽溪村。贵州解放后，陈世荣每年都要去跳崖的地方祭奠战友，直到2001年去世。

 下课了，晒一晒你学的知识吧！

1. 简述甘溪战役的历史意义。

2. 阅读下列材料：

当夜，红六军团主力撤出战场，复进施秉袁家寨，取道走马坪、白垛，10日到达施秉县的黑冲。桂军廖磊部追至黑冲，企图占据大坡垴，截击红军。军团首长决定留下一个营阻击尾追之敌，掩护主力部队转移，主力部队改走滴水岩。滴水岩是悬崖峭壁，深不见底，稍不留神，就会堕落深谷，粉身碎骨。红军战士将绳索和布带结成长绳，捆在山顶大树上，然后手握绳索，脚蹬悬壁，滑下悬崖。桂军追至滴水岩，见岩间悬吊着的残带断绳，一个个惊得目瞪口呆。

结合材料谈谈你对"红军精神"的理解。

第五节　沿　河

以沿河为中心的革命遗址群成为贵州七大遗址群之一，是云贵高原革命文物、遗址最集中、最丰富的地区之一。

黔东特区革命委员会旧址，是红三军走出逆境、转危为安的历史记载，是策应中央红军实现战略转移取得长征胜利的历史见证，是进行爱国主义传统教育的基地和红色旅游的胜地。

1982年，贵州省人民政府将旧址列为省级重点文物保护单位，并拨专款进行维修。2006年5月，其入选第六批全国重点文物保护单位，2009年，被中共贵州省委列为第四批全省爱国主义教育基地。

一、苏维埃政府主席孙秀亮

1934年10月底，红二、红六军团主力撤离黔东革命根据地，实施东进战略，开展湘西攻势。从此，留守根据地的黔东特区革命委员会和黔东独立师在极其艰苦的条件下开始了保卫根据地的斗争。在同敌人进行殊死搏斗中，黔东特区革命委员会主席孙秀亮为保卫红色政权献出了年轻的生命。

孙秀亮，原名孙孝义，土家族，中共党员，1901年出生于贵州沿河县一个农民家庭。1918年以前，孙秀亮先后到沿河谯家铺和思南求过学。1920—1923年，他在本村孙家寨的私塾教书。由于家境困难，他还先后逃难到谯家铺煤矿拖煤糊口，度过艰难的岁月。1928年后，孙秀亮随父亲往返于秀山等地挑运桐油、生漆、盐巴做生意，勉强维持生计。

1931年秋，黔东人民为反抗国民党及其军阀的压迫和剥削，掀起了声势浩大的"神兵"斗争。具有封建迷信色彩的"神兵"运动很快从群众性的抗捐抗税斗争发展成为有组织的推翻国民党县、区、乡政权的武装斗争。1933年,孙秀亮任沿河县"神兵"独立连连长。孙秀亮率领沿河"神兵"独立连与其他"神兵"组织相配合,攻打县城,诛灭官吏,开仓济贫,有效地打击国民党地方反动势力。

1934年春,黔东"神兵"运动遭到贵州军阀的残酷镇压,陷入低潮。孙秀亮及其领导的"神兵"被迫隐匿于深山密林之中,积蓄力量,以待时机。

正当黔东各县"神兵"运动处于低潮之时,1934年5月,贺龙、夏曦、关向应领导红三军进入沿河,6月1日,攻占沿河县城。孙秀亮得到消息后,立即从谯家赶到晓景,找到红军队伍。在长岗岭红三军军部,贺龙亲切接见了孙秀亮,向他了解黔东"神兵"斗争情况,并同意红军收编"神兵"。在红军的启发教育下,孙秀亮积极发动群众,组织雇农工会、贫农团,参加区乡苏维埃政府的创建工作。

在区、乡苏维埃政权建立的基础上,1934年7月21—22日,中华苏维埃共和国湘鄂川黔边革命委员会,在沿河县第四区铅厂坝张家祠堂召开了黔东特区第一次工农兵苏维埃代表大会,孙秀亮为主席团成员。会上,孙秀亮当选为黔东特区革命委员会委员、常务委员、主席。

黔东特区革命委员会成立后,孙秀亮在贺龙、夏曦、关向应统一领导下,建立特区党的工作委员会和青年团工作委员会,以及贫农团、雇农工会、农民协会、妇女会、自卫队等群众组织,广泛发动群众开展轰轰烈烈的土地革命运动,使黔东农民第一次在经济上、政治上得到了翻身解放,认真贯彻执行党的民族政策,帮助苗族同胞建立苏维埃制度的区域自治,组建各县、区、乡独立团、游击大队。到1934年9月,黔东革命根据地发展成为纵横100余公里，人口10万以上的革命根据地。黔东特区革命委员会辖贵州松桃、印江、德江、沿河和四川酉阳、秀山6个县17个区和100多个乡苏维埃政权。

1934年10月24日，红二、红六军团在印江木黄胜利会师，孙秀亮受命带领特区保卫队和区乡干部策应红军主方东进，坚持苏区斗争。11月孙秀亮与特区革命委员会副主席秦育青率领特区保卫队、伤病员和机关工作人员200余人，从沿河出发，向梵净山转移途中，屡遭敌"清乡队"袭击，损失重大，仅少数人脱险，多数遇难。黔东革命根据地丧失。后来，孙秀亮带领少数干部在向湖南转移途中被敌人打散，辗转回到家乡。

孙秀亮回到黔东特区后，仍带领留下来的特区革命委员会工作人员，秘密开展各方面的工作。同年12月，由于叛徒出卖，孙秀亮被捕，被敌押赴县城，途经沙坨乌江渡口，趁投递员不备，跳进了波涛滚滚的乌江，为保卫黔东红色政权流尽了最后一滴血，时年33岁。

（摘自：余福仁．孙秀亮．坚持黔东苏区斗争的苏维埃政府主席．当代贵州，2006）

二、一名特别交通员

黔东苏区有许多红色交通员，在"围剿"与反"围剿"的斗争中，他们肩负重任，勇敢地穿行敌占区，侦探敌情，传递情报，运送物品，光荣地完成了使命。傅怀忠（1912—1971年）就是其中的一个杰出代表。

1934年5月，贺龙率红三军抵达横穿沿河城的乌江西岸。驻扎县城的敌人已将所有的渡船强征到江东，妄图阻止红军于西岸。江东群众慑于敌人的反动宣传，不敢帮红军摆渡过江，后来，在敌人迫于红军强大声势撤离县城之际，傅怀忠率先邀约老船工为红军撑船过江，勇敢的傅怀忠立了功劳，给贺龙留下深刻印象，并取得他的信任。

黔东根据地开辟后，在敌人的严密封锁下，苏区给养非常困难，特别是食盐、药品奇缺。为此，贺龙还运用各种私人关系设法筹措。他给彭水的昔日好友"袍哥大爷"龚渭清写了一封信，特派傅怀忠持信找他帮忙解决。龚渭清迅速筹集了500块大洋，并和傅怀忠一起到酉阳龚滩买了4000斤盐巴，交给傅怀忠运回，并一再叮嘱："一定要把盐巴亲自交给贺军长。"傅怀忠不辱使命。

图3-46　傅怀忠

同年10月，贺龙再次派傅怀忠到彭水，联系龚渭清购买药品。龚渭清用筹集的800块大洋购得20多担西药和中草药，利用酉阳、秀山商会的关系，开好了发货单和通行证，请人挑运，并亲自押运，朝酉阳南腰界方向走，明知凶多吉少，仍然义无反顾。由于川军田冠五旅驻防在酉阳小河场，不便通过，只好改道。行至沿河县沙子区水淹沱时，被袁仲英民团截住，由于药品数量大，挑运人员多，且弃大道而走小路，引起敌人的怀疑，龚渭清遭敌枪杀，时年41岁。而傅怀忠则被押送县城关押，敌人威逼利诱、严刑拷打，均无所获。傅怀忠在保守红军的秘密的同时，托人让妻子筹钱营救同时身陷囹圄的红三军管理科干部刘凯，并叮嘱妻子尽快将贺龙交付他的一块怀表转移保藏，以免暴露身份。

龚渭清遇难、傅怀忠被关的消息很快传到枫香溪的红三军军部。贺龙悲愤填膺，亲自率红九师和黔东独立师攻打沿河县城，全歼驻沿河的杨畅时部，救出傅怀忠，夺回了全部药品。贺龙等

第三章　黔东北革命故事和人物

首长亲切慰问受难的傅怀忠，在红军撤离苏区时，贺龙还嘱咐傅怀忠要设法躲避敌人的暗算。

（原作者：张丽红）

三、孔朝廷

"我儿子孔永安，你来我与你说……孔永安你今后要好好读书……我红军贺团长（指贺炳炎）队伍很多，他们坚决不投敌人的降。孔永安，等到我红军回来，你一定要替我申冤报仇……"

一份遗嘱，静静躺在黔东特区革命委员会旧址纪念馆的展柜内，尽管隔着80多年的沧桑岁月，发黄的皮纸上依旧墨迹清晰，读起来慷慨悲壮，令人热泪盈眶。

立下遗嘱的人，名叫孔朝廷，是黔东苏区蛟岩（小水田）乡苏维埃政府代表孔朝廷。他在被乡团拷打致死前，立下遗嘱向儿子孔令安交代后事，并嘱托儿子要"与土豪斗争到底"。

孔令安生前诸事少有记载，然而从其遗嘱中可知，他是生长在沿河乌江边的一名土家汉子。

1934年5月，中国工农红军第三军从重庆彭水西渡乌江进入黔东地区，开辟黔东革命根据地。红三军进入黔东，受到当地群众热烈欢迎和支持，黔东苏区的苏维埃政权迅速发展。至1934年10月底，苏区内共建立20个区革命委员会，100多个乡苏维埃政府。

孔朝廷在其遗嘱中写道："民国甲戌年，水田坝火烧宅孔朝廷任农会主席代表。"据了解，淇滩区革命委员会成立于1934年6月27日，下辖淇滩、檬子、蛟岩等5个乡苏维埃政府，孔朝廷被推选为蛟岩（小水田）乡苏维埃政府代表。

1934年10月，红二、红六军团主力部队东进湘西后，留在黔东苏区的中共黔东特委和红二、红六军团黔东独立师同苏区人民与敌人进行了殊死的战斗。由于敌众我寡，黔东苏区渐渐被敌人占领,并遭到反动势力的疯狂报复。

为了镇压游击队,国民党沿河县长杨际唐召集地方土豪势力,组织了保卫团指挥部。同时,组织教导队对苏区"清剿"。随之,各地的土豪劣绅纷纷返回苏区,杀气腾腾地组织"清乡队""特务队""别动队"等,发出"一人当红军,全家被诛灭"和"凡参加游击队不投案自首的,隐藏红军伤病员不报的,分得衣物财产不如数退还的,给红军带路联系不说的,一律斩尽杀绝"等口号。大批红军伤病员、苏区干部和革命群众惨死于敌人的屠刀之下。

孔朝廷在遗嘱中记录,"清乡队"队长黄仁佑将他抓去,对他捆绑吊打,逼他供出红军情况和交出武器,他"死都不认"。

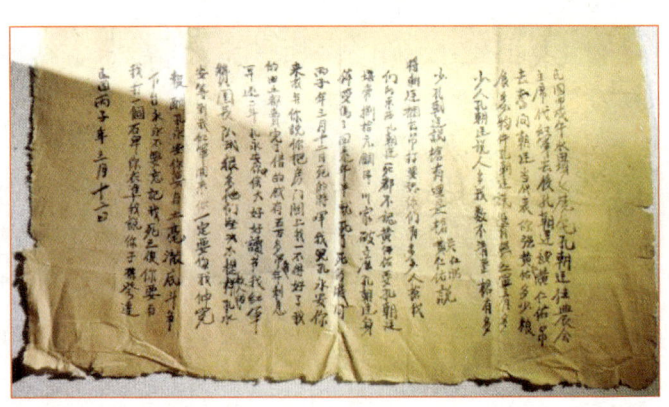

图3-47　孔朝廷遗嘱

孔朝廷被严刑拷打,身体受到严重摧残,于1936年3月12日含恨而死。临终遗嘱,字字血泪,尽显对革命的赤胆忠心和家国深情:"孔永安,你要与土豪斗争到底,永远不要忘记,我死之后,你要给我打一个碑……"

四、谯家铺阻击战

1934年10月中旬，自红三军主力南下接应红六军团后，川、湘、黔敌军趁苏区军事力量空虚，又一次进行大规模"会剿"。根据地不断被敌占领，红色区域越缩越小。川军达凤岗、田冠五二旅率领4个团的尖兵从北兵分两路进犯苏区。一路由铺子口、小河场进驻大土坪、沙子场，一路由金竹坪向苏区进犯。

在强大的敌人攻势面前，黔东特区革命委员会孙秀亮、秦育青和留在苏区的夏曦、贺炳炎、冉少波等率领苏区军民与敌人展开了殊死的斗争。

黔东独立团腹背受敌，加之弹药缺乏，伤亡惨重，大部分被打散，秦贞全带领200多人退至白石溪。

贺炳炎率领的独立师沿河独立团原欲攻打官舟而将独立团中的4个大队留在了乌江以西的三壶坪一带。17日，杨畅时、黄福安残部及地方民团反扑，乌江西岸的4个大队除了彭家山游击大队和三壶坪游击中队渡过乌江以外，其他3个大队都未能过河，被敌打散。淇滩周围村寨随之遭到敌人烧杀抢劫，天宫井一带许多民房被烧，百姓的东西被一抢而空。驻扎在火烧寨的淇滩区政府赤卫队及廖云清率领的游击大队60多名战士带着30多支步枪英勇抗击敌人，但敌众我寡，被迫于当天退至铅厂坝与独立团主力会合。

与此同时，黔东纵队在枫香溪一带与国民党军杨昭焯、姜兴尧部也进行着激战。17日晚，黔东纵队退至谯家铺，在夏曦、秦育青、汤福林的率领下，打退了地方民团杨通江、晏克武、魏春廷的多次进攻，缴获大批武器。

10月19日，国民党军李成章之部、杨昭焯旅、张立功团以及杨畅时、黄富安、姜兴尧三个团联合进犯黔东特区革命委员会

▲ 图3-48 谯家铺区革命委员会旧址

及苏区中心谯家铺等地。中午,杨昭焯司令部驻谯家铺街上的黑神庙,后勤部驻禹王宫,并将大多数枪支弹药藏在此处,在青砖厂安置一个连队、在老林界布置另一个连防守,其主力部队驻扎在官路坎和堡上,其增援部队驻扎在耳当溪、印山坝一带。

　　19日下午,夏曦召集苏区的秦育青、贺炳炎、冉少波、秦贞全、汤福林、刘本玉等开会研究作战方案。决定充分利用当地有利地形,夜袭谯家铺敌军。要求红军部队每人右臂上挽三根稻草作为标记,以"进、出、革命军"为口令。为了节约弹药,夏曦还让战士们准备了一些鞭炮。晚上,由3名熟悉地形的谯家当地的新战士带路、兵分三路进发:一路由红三军参谋长汤福林带领,沿着老林界下山,向谯家铺靠近;一路由夏曦、秦育青带队从北面上山,穿过堡上马槽向谯家铺靠近;三路由秦贞全带一尖锐部队从中间直插谯家铺中心。

　　深夜,三队红军都按照预定时间准时接近谯家铺。由陈家森带路的汤福林一队从左翼进攻,在接近谯家铺时,碰上一个巡逻敌兵,巡逻兵一见有人吓得大叫。汤福林怕暴露行动,令几名战士将巡逻兵按倒在地俘获至偏僻处审讯,待了解敌人情况后,汤福林命令直捣敌巢。顿时枪声四起,喊杀声震天。正在睡梦中的敌人不知红军底细,慌乱开枪而逃,却被埋伏在路边的游击队员活捉投降。红军缴获了大量武器弹药,又继续向谯家铺场口逼近。

官路坎的敌人听见了枪声,慌忙吹哨起床紧急集合。这时,由新战士田兴贵和田兴长带路的正面进攻的红军部队是秦贞全所率领的尖刀排,在官路坎附近听见敌人的哨声,知道情况有了新变化,于是快速前进到官路坎,被一敌哨兵发现,敌我双方立即接火。由于敌人摸不清情况,不敢恋战,慌忙向韩家逃窜。尖刀排直插场口,遇到敌人反扑,几个红军战士就在敌人背后小山堡上点燃鞭炮,"噼里啪啦"的密集响声,犹如机关枪响,吓得敌人急转头向下街逃窜。负责右翼的夏曦立即命令部队向敌人猛烈射击。犹如困兽的敌人又掉头反攻。秦贞全又叫几个战士在敌人后面的山沟里放鞭炮,敌人于是将机枪齐往鞭炮响处射击。其他红军趁机冲上去消灭敌人,一位红军还夺过了敌人的机枪。其他红军战士和游击队员冲进了黑神庙与夏曦、汤福林率领的两支队伍会合。经过一夜的战斗,红军打垮了杨昭焯一个营,俘虏敌兵几十名,打死敌人20多人,打伤60多人,缴获四川造步枪200多支。

由于川、湘、黔敌军及地方民团的连日攻击骚扰,为保存实力,夏曦只好带领特区工作人员和训练班学员、黔东独立师、特区保卫队和红九师一部共2000余人突围转移。他们经铅厂坝、六井溪、茅草盖到沙子坡,于10月20日晨到达晓景苦竹坝。

正逢秋雨季节,红军队伍到达苦竹坝后,在当日下午1点至2点间遭遇湘军周燮卿部、川军达凤冈及田冠五之旅等5个团包围。敌人凭据有利地形对红军和游击队射击。独立师和特区保卫队迅速向任家寨、堰塘方向撤退。红九师一部则从龙池经晓景南部到达苦竹坝,协同黔东独立师对敌战斗。21日晨,独立师和保卫队大部占领大盖山高地,并与敌周旋,其余部队在苦竹坝、堰塘、任家寨等地突围。战斗到中午时,大盖山高地丢失,独立师和保卫队、红九师一部从三个反方向分别突围。一路从夏家沟向刀坝方向突围,一路从许家坝向丰端大山方向撤退,一路从大盖山向六井溪方向突击。独立师第一团一部在政委胡宏升的率领下经梯子岩、小南坝到达花里坪,在春木坪遭到川敌袭击,一部分被打散。余部经秀山贵郎沟沿途打给养,在该地张习珍家驻扎一夜。当地群众张献斌等组织人员为战士们编织草鞋。部队打击当地一土豪,收割了他的稻谷,杀了他的猪分给了当地群众。第二天由张献富、张忠石带路到达松桃石梁。

由于敌人的频繁进攻,苏区地方武装战斗力受到严重削弱。苏区也从方圆200余里迅速缩小到"南北只有六七十里,东西只有三十里,二十个区缩小到只有十二个区";人口由10万锐减至3万余人;"地方武装扩大的三千名新战士,缩小到了一半"。

五、红三军三取沿河城

红三军放弃在湘鄂川边建立根据地的计划而进入黔东,攻占的第一个县城就是沿河,此后再次攻打沿河。1934年5月8日,红三军冒雨从百里之外奔袭彭水,于次日攻占了彭水县城。但夏曦以"彭水背山面水,易攻难守,敌人打来难以应付"为由,命红三军放弃彭水,西渡乌江进入贵州。

14日,进至后坪县塘坝(今属沿河),接着挥戈客田区。16日,主力进驻白鹤一带休整。由于后坪、婺川一带不利于立足,继续东进,于5月29日到达沿河县泉口司(今属德江)。5月30日,进入思渠、银池、冯家庄等地。当红三军进驻泉口司时,川军刘国辉部与黔军傅衡中旅发生内讧,傅旅彭镇璞团杀掉刘国辉,刘旅缴械。见红军到来,傅衡中谎称奉蒋丕绪师长命令,放弃沿河,率队他往,留彭镇璞率一营兵力驻沿。

5月31日中午，红三军前卫部队在沿河县城西岸洞顶山、粽子顶与彭镇璞团前哨接触。敌人一触即溃，仓促退向县城东岸，其中一排未来得及过江，在熊家桶子向红军缴械投降，红军占沿河西城。敌人早将所有船只藏匿于县城下游的黑獭堡一带，红军一时无船渡江。同时，由于顾惜东岸民房，不便施用重炮，于是红军向东岸守敌发起政治宣传攻势。下午，红军找来一些船只和船工，在县城较偏僻的温家坝乌杨树边做强渡准备，第一次渡江时，遭到河东守敌的猛烈攻击，两名红军战士牺牲，未能成功。晚上，贺龙、关向应等在陕西会馆召开团以上干部会，会上重申红军的任务和纪律，并研究如何渡江的方案。最后决定，七、九两师负责寻船，郑兴益连长带领一个排先行渡江。深夜，渡江开始，慑于红军的威力，守敌弃城逃遁。

　　6月1日，县城东岸群众傅怀忠邀约街邻，把船只从沿河码头（今红军渡广场对岸）推到西岸迎接红军渡江。在张献奇、张献富、王万榜、冉崇义、陈召琮、田贵仁等40名船工的摆渡下，20余艘船只急速渡江，东岸群众在码头迎接红军。红三军占领沿河，一部分兵力驻守坝坨、黑水、严家桥等地，控制战略要地。前卫部队开往沙子场、大龙坡一带时，沿途群众主动当向导。沙子区反动团防田明道、反动区长袁仲英企图负隅顽抗，阻挠红军前行，未果，向中界坝方向逃走。

　　红三军军部驻城东周家坨盐店桶子，贺龙住周厚奄家。贺龙和关向应接见了傅怀忠，向他阐明了红军的政策和纪律。红军在县城张贴标语，散发传单，县城的工商户了解了红军的制度和纪律后，纷纷送物品给红军。当日下午，贺龙等在九儒茂（今县城河东粮站旧址）召开群众大会，讲解红军与群众的关系，宣读了《中国工农红军的任务和纪律》等文告。红三军所到之处纪律严明，秋毫无犯，深受各界群众的拥护和欢迎。沿河县邮政局长戴德初以亲身经历感慨红军"官兵享受一律平等，纪律之佳出人意外""人心归附，如水下倾"。红三军创建黔东根据地后，8—10月，在沿河境内的淇滩、毛田坪、谯家、黑水等地与敌激战，并组建了沿河、黔东、川黔边、德江、印江等5个独立团，成立了黔东独立师。

当红三军主力撤离沿河县城后，黔军杨畅时、黄福安部重返沿河县城。敌人在苏区周围四处设卡，进行严密的经济封锁。沙子区团总田明道还抢劫了运往黔东苏区的20多担药材，杀害了贺龙的好友彭水的开明人士龚渭清，抓捕了同行的红军战士和交通员傅怀忠等人，反动气焰嚣张。为此，贺龙决定再打沿河，既可救出傅怀忠等人，也可扩大革命影响。一方面，据占沿河城，可以向酉阳、彭水、綦江、南川一带拓展苏区领域，也可与鄂川边独立团取得联系，将黔东与鄂川边联结起来。另一方面，可以沿河县城为突破口，向乌江以西的德江、思南扩展苏区范围。10月上旬，红三军七、九两师和沿河独立团、黔东独立团，分兵两路向沿河县城挺进。红七师和黔东独立团一部在卢冬生的率领下由晓景经沙子到达沿河县城东岸，堵防川军达凤岗旅的进犯。红九师与沿河独立团则由水田坝、三岔口、小路口到达淇滩和沙沱渡口强渡乌江。

贺龙将军部迁至淇滩区天宫井，并与区、乡苏维埃人员和群众代表商讨渡江作战方案。10月12日，天刚破晓，乌江大雾笼罩。熟悉西岸地形的火炭溪、彭家山游击队和红九师部分尖兵近200人，借着江雾悄悄从彭家渡口渡过了乌江，消灭了西岸的敌哨兵后又夺得2艘大船迅速划到对岸，独立团全部渡江。首先攻下严家桥，占领了彭家、沙沱、司马溪等渡口。为迷惑敌人，独立团只用步枪、手榴弹、机枪等武器进攻。一路由严家桥经高穴向沿河县城进攻，另一路由钟岭山经三壶坪向沿河县城包围。此时红七、九两师也渡到了西岸。激战后的杨畅时残部经县城后山败退到黑水乡包家园一带。红九师已占领了高锡顶，沿河独立团则经三壶坪从杨柳池包抄而来，将正坐下休息准备埋锅煮饭的杨部团团围住，敌人纷纷缴械投降，死伤无数。杨畅时、黄福安化装成百姓从黑水逃到官舟。此次战斗全歼杨畅时部，缴获枪支300余支及大批物资和装备，并救出傅怀忠，夺回了中西药材。

图3-49 《历史上的今天》纪录片影像截图

下课了，晒一晒你学的知识吧！

谈谈沿河的革命人物故事及革命精神和传统在今天是如何继承与发展的。

附录　部分考察调研纪实

一、走进沿河谯家　探寻黔东特区革命根据地——思南中学"黔东北红色文化研究"课题小组谯家调研

🔺 附图1　黔东特区革命委员会旧址全景图

2017年2月11—12日，贵州省思南中学"黔东北红色文化研究"课题小组严忠、汪元思、赵胜选、王开莉、姚舒瑜五名老师一同前往沿河县谯家镇，对黔东特区革命根据地及当地土家文化情况进行了考察调研。

附录　部分考察调研纪实

🔺 附图2　课题小组于黔东特区革命委员会旧址调研合影

11日下午，小组成员与时任沿河土家族自治县文化局张拥军局长、纪检书记冉光学、杨贵主任、县文化馆崔德黔馆长、政协文史办杨涛同志、"土家歌王"黄旭以及思南中学95届校友陈应江等一行人驱车经过90多分钟，从沿河县城直达谯家镇黔东特区革命委员会旧址。

小组在文化局工作人员的引导下进行了参观。张局长对贺龙、夏曦、关向应率领红三军，领导广大劳苦大众，在云贵高原上创建第一块红色革命根据地——黔东特区革命根据地、红三军的活动范围、红军烈士代表、沿河籍老红军等做了详细介绍。

▲ 附图3　沿河县文化局局长张拥军同志作介绍

随后，文化局工作人员在演播室播放了专题片《高原曙光——黔东革命根据地建立纪实》，并提供了大量书籍资料。

▲ 附图4　课题小组观看《高原曙光——黔东革命根据地建立纪实》及相关书籍

小组成员与相关领导、工作人员进行交流，谈到当地地形地貌"山高路远坑深"，易守难攻，非常适合建立农村革命根据地，土家歌王黄旭慷慨高歌《这山没得那山高》。

当谈到当地民风淳朴,红军到达后严守纪律不扰民、帮助群众干活,宣传革命思想,打土豪分田地,感动群众,土家儿女踊跃参加红军,崔德黔馆长深情吟唱《当兵就要当红军》。

▲ 附图5　沿河籍"土家歌王"黄旭慷慨高歌

12日上午,小组成员随沿河土家族自治县政协张体珍主任、杨涛主任和思南中学1995届校友陈应江一同前往中界乡罗家寨村天缘寺。

▲ 附图6　小组成员于天缘寺合影

张主任结合天缘寺重修碑记对天缘寺作了简要介绍，小组成员又通过参观寺庙残碑、采访住持大师、与往来香客交流等途径更深刻地了解天缘寺。这座始建于后周的寺庙，毁于火灾后重建，历经一千多年风雨，见证世事沧桑，对研究黔东北佛教文化、巴渝文化以及当地历史都有着重要的价值。

▲ 附图7　课题小组寻访天缘寺住持

天缘寺更是研究黔东特区革命根据地的重要场所，1934年，汤永寿由于叛徒出卖，在此被中界乡保长等人杀害。年仅21岁。

老红军、原南京军区炮兵副司令、中国作协委员陈靖在"重走长征路"时参观黔东特区革命委员会旧址时，赋诗言："当年贺龙渡乌江，天昏地暗路漫长；土地湾树镰锤愿，黔东大地遍曙光。"

▲ 附图8　天缘寺附近的红军烈士墓

"沿河红军精神万岁"！正如贺炳炎将军之子贺陵生所题。

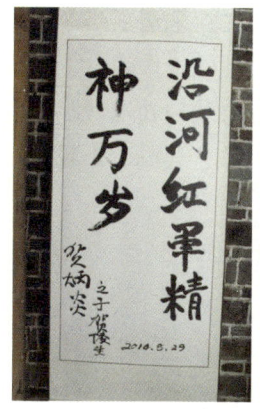 

附图9　贺炳炎将军之子贺陵生题字

二、走进德江枫香溪　探寻红军革命路——思南中学"黔东北红色文化研究"课题小组枫香溪调研

2017年2月19日，思南中学"黔东北红色文化研究"课题小组成员严忠、汪元思、赵胜选、王开莉和姚舒瑜五名老师一同前往德江县枫香溪镇，对当地的红色文化及本土特色历史文化情况进行了考察调研。

附图10　课题小组寻访傩面具制作技艺传人王国华先生

首先，小组成员来到了枫香溪镇长征村，采访了当地的傩面具制作技艺传承人王国华先生，并参观了他的工作间。王国华先生向小组成员介绍了傩戏的相关知识，并兴致勃勃地展示了他的得意作品和诸多奖项，无一不使人赞叹不已。其后，小组成员与王国华先生合影留念。

▲ 附图11　德江枫香溪八一爱民学校

▲ 附图12　课题小组于枫香溪会议会址前合影

接着,小组成员参观了枫香溪镇八一爱民学校。该校建于红军长征胜利七十周年之际,亦为纪念1934年贺龙、夏曦、关向应领导的红三军在枫香溪召开中共湘鄂西中央分局会议并创建贵州高原第一块红色根据地而特建的。学校设施完备、教学优良,师生秉承着"传承长征精神 笃志明礼成才"的校训,在这片红色的土地上为祖国培养了一批又一批优秀的人才。

然后,小组成员参观了枫香溪会议会址。该会址较好地保留了当时红三军领导人贺龙、夏曦、关向应等人居住房间的原貌,同时收藏了当时红军战士的诸多生活用具,还复原了会议的相关实况,对研究当时红军在枫香溪的相关情况十分有价值。

🔺 附图13 课题小组成员与黄金儒(左三)合影

最后,小组成员采访了当地的黄金儒老先生。黄金儒老先生已经90高龄,当时红三军驻扎在他的家乡枫香溪时才六七岁,但老先生对当时的情况依旧记忆犹新,绘声绘色地讲述了红三军在枫香溪的诸多轶事,仿佛回到了那段光辉的红色岁月。随后,小组成员与老先生合影留念,并结束了一天的行程。

三、思南中学"黔东北红色文化研究"课题小组印江木黄调研

2017年3月27日,在思南中学党委书记王荣忠的率领下,"黔东北红色文化研究"课题小组成员严忠、汪元思、赵胜选、王开莉、姚舒瑜和刘露六名老师一同前往印江县木黄镇,对当地的红色文化及本土特色历史文化情况进行了考察调研。

附图14 课题小组于印江调研

印江县委宣传部副部长严易权带领县政协文史民宗委主任翟永福、县文联副主席田谯军、县民族陈列馆馆长龙国顺、县委党史研究室杨再斌等人热情接待课题小组,并召开座谈会对印江的红色文化及民族文化的相关情况作了介绍。会上,王荣忠书记也对课题小组此行的目的和意义作了简要介绍,并对印江相关领导的帮助和支持表示了感谢。

附图15 课题小组在石阡佛顶山风景区调研

四、红色与彩色——思南中学"黔东北红色文化研究"课题小组石阡调研

2017年4月22日,思南中学"黔东北红色文化研究"课题小组严忠、汪元思、赵胜选、王开莉、刘露五名老师在教科室兰显芳主任的带领下前往石阡县,在石阡县委宣传部副部长戴金杉等同志的陪同下对石阡红色文化及仡佬族文化、非物质文化遗产进行了考察调研。

上午十点半,一行人到达石阡尧上,在村支书黄金龙、教办王主任、宣委刘杰的引导下,从夜郎六合寺开始参观佛顶山风景区。

石阡着力于挖掘夜郎文化,古夜郎文化与旅游有机结合虽不属首列,但其打造夜郎文化的决心和投入值得肯定。现在很多地方都在争论各自为古夜郎首都,但都列不出较为可靠的证据。石阡县撇开古夜郎首都的论证,另辟蹊径,打造夜郎千户仡寨。毫无疑问,这个区域这个民族曾经与夜郎有着不可分割的联系,甚至就是夜郎的"广州""上海"。

附图16　石阡尧上神鹰雕像

附图17　石阡夜郎六合寺

附图18　课题小组参观石阡神鹰广场

11点整,一行人来到尧上。在福鹰雕像前,据黄支书介绍,此地居民每年举办"敬雀节"。相传有一年,此地居民无端染上瘟疫,幸得一只鹰衔来一朵灵芝救活了当地居民,才繁衍至今。因此居民代代相传,定期祭拜福鹰,以谢救命之恩。

下午2点整,一行人冒雨来到甘溪乡,在此,曾发生过一次悲壮的战役——甘溪战役。在当地政府工作人员的介绍下,大家了解了甘溪战役的前因后果,此次战役红六军团损失较重,但牵制了湘、

附图19　课题小组调研石阡甘溪红军烈士纪念碑

桂、黔敌军主力，减轻了中央红军的压力，达到了与红三军胜利会师的预期目的，有力地配合了红一方面军进行长征，完成了作为长征先遣队的光荣使命，同时它还在石阡播下了革命的种子。

附图20　课题小组参观石阡六合门

下午4点至5点，一行人先后参观了石阡非遗博物馆、万寿宫、古温泉遗址、红六军团指挥部旧址、个体非遗收藏博物馆等。在兰光忠馆长等相关人士的解说下观看了音频资料，对馆内所展示的石阡民族民俗文化有了深入的了解，如木偶戏、说春、毛龙节、薅草锣鼓、悄悄年、傩堂戏等。

附图21（a）　课题小组参观石阡非遗博物馆

 附图21(b)　课题小组参观石阡非遗博物馆

 附图22　课题小组在石阡开展调研座谈会

下午5点整，一行人在石阡县委宣传部办公室举行座谈会。

座谈会由戴金杉副部长主持，石阡相关单位负责人分别做了专项介绍和提出建设性意见，老艺人则以最直接的方式演绎了各自传承的民族技艺，其中有采茶歌及说春等形式。值得欣慰的是，石阡说春是贵州省继侗族大歌第二个入选世界非遗扩展名单，并在花桥中学等学校进入课堂。

兰显芳主任表示，此次历史组开展的课题是思南中学国家级课题"基于黔东北少数民族文化传承的校本课程基地建设研究"的重要子课题，课题名称为"黔东北少数民族区域文化与校本课程开发的研究"。历史组分两个小组分别同时完成各自的任务，此项任务时间紧迫、责任重大、意义深远，感谢石阡县委、县政府和各位同仁的密切配合，我们一定努力保质保量地完成自己的任务。

严忠老师则言简意赅地描绘了到石阡后的所思所感，即"三感一展望"。"感谢各位同志的积极配合；感动于石阡党委政府及人民对红色文化和民俗民间文化的热爱和坚守；来石阡不虚此行，我们会把石阡对传统文化的执着和坚守带回到思南去，带回到思中去，此所谓感想；于展望而言，相信经过大家的努力，会有越来越多的人会加入进来，喜欢和保护我们一直坚守和传承的东西。"

附图23　石阡调研座谈会一角

五、走进德江高山乡　缅怀英烈——思南中学"黔东北红色文化研究"课题小组德江洞佛寺调研

附图24　调研小组参观德江洞佛寺烈士陵园

2020年10月25日，思南中学"黔东北红色文化研究"课题小组成员严忠、杨通文、刘露、张玉华和地理组汪德良五名老师一同前往德江县高山乡，参观了当地的市级重点文物洞佛寺烈士陵园，听取了县里专家与当地村民的讲解，对德江解放军剿匪的历史有了全面的了解。

1949年国民党行将失败之际，以曾广爱为首的200余名土匪四处抢劫，为非作歹与人民为敌。1950年3月，解放军经过三天三夜激战，才全部歼灭了匪徒活捉了匪首曾广爱。

▲ 附图25　洞佛寺战斗遗址

　　1984年，德江县委、县政府为纪念牺牲的烈士，在洞佛寺洞口崖壁上勒石铭记，以垂千古。洞佛寺洞陵园，总面积1500平方米，陵园内有五位剿匪英雄的坟墓。陵园后面是当年匪首曾广爱的居住地——洞佛寺山洞，山顶有青石纪念碑一个，高6.2米，宽1.98米，碑座为6面2级石台，正面阴刻"青山埋忠骨，英雄垂千古"，南面有剿匪简介。

　　剿匪斗争大多是由一些战斗，包括一些小战役所组成的，不像解放战争中的大战役那样万炮轰鸣，气吞山河，因此有人觉得剿匪斗争是小打小闹，不过瘾。其实，剿匪斗争的激烈程度，有时甚至超过了与国民党军作战。因为匪首都是一些铁杆反共的死硬分子，又有其长期盘踞的巢穴，在保全其巢穴的最后战斗中，往往表现出异乎寻常的疯狂和坚韧。因此，对我军基层指战员来说，剿匪要比一些大战役难打得多。

　　此次思南中学老师的调研行动，不仅是老师的调研，更是一次情感的升华，我们需要把这种精神传承，带给学生。现在的和平是很多革命先烈用鲜血和生命换来的,"前事不忘,后事之师",我们要铭记这段历史,珍惜今天来之不易的和平和幸福生活!

▲ 附图26　聆听洞佛寺先烈事迹

后　　记

　　2019年，"基于黔东北少数民族地区红色文化的校本课程开发与应用的研究"课题获批立项，随后课题小组（简称"课题组"）便对黔东革命根据地旧址，德江枫香溪、洞佛寺，印江木黄，石阡的甘溪、困牛山等地展开深入的调研，收集、整理有关史料。2021年该课题顺利结题后，课题组相关人员结合课题成果开发了校本课程，并在学校推广使用。而后，通过几年的努力，课题组在课题成果和校本课程实施反馈、更新的基础上，多次深入调研，将成果汇集成《黔东北红色文化》一书。本书对于深入了解和传承黔东北地区的红色文化历史以及地方红色文化校本教材开发具有重要意义。

　　在此过程中，中共思南县委党史研究室，中共铜仁市委党史研究室徐明忠主任、黎启武科长，中国作家协会会员、贵州省管专家田永红同志，周逸群陈列馆原馆长杨文静同志，贵州省思南中学党委及领导、历史教研组各位同仁均给予了大力支持和帮助。我们一并表示最真挚的感谢！

　　今后，我们将继续深入研究黔东北地区的红色文化历史和传承，为更好地保护和传承红色文化作出更大的贡献。同时，期待更多单位和个人能够加入我们的工作，共同推动黔东北地区红色文化的保护与传承。

编委会
2024年9月